KB158009

인생을 바꾸는 부자 습관

FIND OUT HOW THE RICH GET SO RICH

RICH
HABITS

THE DAILY SUCCESS HABITS
OF WEALTHY INDIVIDUALS

인생을 바꾸는 **부자 습관**

봄봄
스토리

목차

RICH HABITS

3부 • 해결

RICH
HABITS

서문

사실, 성공을 손에 거머쥐기는 쉽지 않다. 왜 그럴까? 그리고 부자들은 왜 부유한 걸까? 경제적 성공은 미국 인구의 단 5%만이 달성한다. 그들이 성공할 수 있었던 배경에는 무엇이 있을까? 이에 대해서도 제대로 알려진 바는 없다. 불행히도 학교에서는 경제적으로 성공하는 방법을 가르쳐주지 않는다. 이렇듯 우리는 모두 같은 배를 타고 있으며, 각각의 사람들은 도전과 실패를 통해 자신만의 방법을 터득해 나간다.

나는 지난 수년 동안 부유한 사람들만이 갖고 있는 일상 속의 습관을 연구해왔다. 그 연구를 통해 내가 배운 바를 나는 '부자가 되는 습관' 프로그램에 녹여냈다. 이 프로그램은 개인적으로 그리고 경제적으로 무한한 성공을 달성하기 위한 적절하고 따라하기 쉬운 가이드를 제공하기 위해 만들어졌다. 부(富)는 단순히 무작위적인 행운, 교육, 근로, 혹은 상속만으로 구성되지 않는다. 누구나 경제적으로 성공할 수 있다. 나는 21세기에 경제적으로 성공하기 위한 청사진을 이 책에 담았다!

나는 수천 명의 개인 및 소기업을 고객으로 둔 공인 회계사이자 공인 재무기획사이다. 이 책을 쓰게 된 배경은 고민을 가득 안은 한 고객이 조언을 구하기 위해 내 사무실을 찾아온 것이다. 고객의 사업은 성장하고 있었으나, 그는 수지 균형을 맞추는데 어려움을 겪고 있었다. 특히 월급 지급일이 문제였다. 그 고객은 엄청나게 절박한 표정으로 "내가 대체 뭘 잘못하고 있는 거죠?"라고 물었다. 수개월에 걸쳐 나는 그의 사업과 지출, 일 처리 과정, 노동 시간, 그리고 산업 비교 자료를 분석했다. 심지어 같은 업계 내에서 비슷한 총수입을 올리며 직원 수도 크게 차이나지 않는 '부유한' 고객으로부터 조언을 구하기도 했다. 우리는 눈에 띄는 차이점이나 확연한 문제점을 찾을 수가 없었다.

몇 주 뒤, 고민이 한가득인 그 고객과 함께 점심을 먹으며 나는 그가 겪는 경제적인 어려움의 원인을 진단하지 못하겠다고 고백했다. 그는 불만족스러워했다. 나도 마찬가지였다. 우리는 한동안 말없이 식탁을 끼고 앉아 있었다. 불편한 침묵을 깨기 위해 나는 고객에게 밤에 귀가해서 무엇을 하는지 물었다. 그는 즉각 고쳐 앉았다. 다소 장난기 어린 표정으로 내게 "어느 밤 말이죠?"라고 물었다.

나는 "가장 마음에 드는 밤을 골라보시죠."라고 제안했고, 그는 수요일이라고 말했다.

나는 "수요일 밤에는 주로 무얼 하시는데요?"라고 물었다.

그는 내 쪽으로 몸을 숙이고 식당 안을 훑어본 뒤 속삭이듯 말했다. "저는 밤에 숙녀 분들 두어 명과 몇 병의 와인을 마시고……." 그는 적잖이 충격 받은 내 표정을 보더니 말꼬리를 흐렸다. 그는 "미안합니다. 말하지 않는 게 나을 뻔했네요. 종종 지나치게 말을 많이 하곤 하죠."라고 말했다.

나는 그에게 내가 아이리시 가톨릭교를 믿는 8인 가족에서 자란 뉴욕 출신이라고 말했다. 또한 살면서 못 본 게 거의 없다는 사실도 말이다. 나는 윤리적인 분노 때문에 충격을 받은 게 아니었다. 지난 수개월 동안 고객들에게 완전히 잘못된 질문을 던져왔다는 사실 때문이었다. 나는 눈에 보이는 것 이상으로 경제적인 문제가 심각하다는 사실, 그리고 제대로 된 질문을 던졌어야 했다는 사실을 깨달았다. 그리고 5년 동안 나는 최종적으로 20문항을 완성했다. 그러고 나서 부유하거나 가난한 고객들을 비롯해 내가 알고 있는 모든 사업 파트너들과 개인들에게 이 문항에 답해 달라고 부탁했다.

이 문항들을 통해 취합한 자료로 나는 부유한 사람들과 가난한 사람들의 일상을 사는 방식이 그랜드 캐년(미국 애리조나 주에 있는 깊이 약 1,500m의 협곡)만큼이나 다르다는 사실을 알게 되었다. 우연히 한 명의 고객 덕분에 나는 경제적으로 성공하는 방법을 밝혀내는 길을 걷게 된 것이다.

1
부

·

고 민

01
•
보험 영업사원

"더 이상은 못하겠어요." 피닉스 업맨은 반쯤 남은 맥주잔에 대고 중얼거렸다. 그는 짧고 통통한 손가락으로 얼마 남지 않은 머리카락을 쓸었다. 재떨이에서는 담배가 타고 있었다.

"오늘은 별로였나 봐요?" 바텐더가 스포츠 지면을 읽으면서, 바 쪽으로 몸을 기울이며 무심하게 물었다. 딱히 손님에게 관심을 보이는 것 같지는 않았지만, 그를 위하는 척했다.

피닉스는 코웃음을 참았지만, 터져 나오는 허탈한 웃음은 막을 수가 없었다.

"그것보다는 사는 게 별로인 것 같아요." 그는 남은 맥주를 털어 넣고는 잔을 앞으로 밀어 다시 채워줄 것을 요청했다.

"간밤에 아들에게 대학에 못 보낼지도 모르겠다고 말했어요. 돈이 없어서요. 심지어 브루클린 칼리지에 들어가더라도 학비를 대줄 수 없다고 말했죠."

브루클린 칼리지는 지역 전문대학으로, 지역 주민들에겐 학비를 할인해주고 있었다. 또한 금방 써먹을 수 있는 실용적인 교육을 시행하는 곳이다. 심지어 브루클린 칼리지도 어렵다니, 바텐더는 즉각적으로 피닉스의 경제 상황이 얼마나 처참한지 짐작할 수 있었다. 그 바텐더 역시 얼마 안 되는 예금과 바에서 일하며 번 팁으로 2년 동안 겨우 브루클린 칼리지를 마칠 수 있었다.

"심지어 브루클린 칼리지도 어렵다고요?"

피닉스는 "네."라고 대답했다. 그는 새 담배에 불을 붙이고는 길고 천천히 빨아들인 후, 눈을 감고 숨을 멈췄다.

"이건 제가 드리죠." 바텐더는 피닉스 앞에 새 잔을

내려놓고는 난처한 상황에 놓인 이 남자에 대해 생각했다. 피닉스는 바텐더보다 젊었지만, 겉모습을 보면 그렇다고 장담할 수도 없었다. 머리숱은 점점 줄고 있었고, 늘어난 허리둘레 탓에 그는 나이 들어 보였다. 미간에 잡힌 깊은 주름과 이마를 가로질러 패인 주름도 그가 나이 들어 보이는데 한몫 했다. 딱히 두드러지는 차별점이랄 것도 없었다. 그의 셔츠 소매는 아래팔 가운데까지 접혀 올라가 있었고, 푸른 잉크가 얼룩져 있었다.

"직업이 뭔가요?"

"보험 설계사예요." 피닉스는 엄청나게 빠른 속도로 대답했다. "제 말은, 노력은 하고 있어요. 제 벌이는 입에 풀칠할 정도는 돼요. 대학 같은 큰돈이 들어가는 걸 빼면요." 피닉스는 엄지와 검지 사이에 땅콩을 끼고 만지작거렸다. 시선은 바를 가로지른 어딘가에 고정돼 있었다. 그는 오랫동안 조용히, 천천히 땅콩을 만지작거리며 눈을 깜빡이지 않고 앉아 있었다. "어떻게 이렇게 패배자가 됐는지 모르겠어요." 그는 중얼거리며 혼잣말을 했다.

바텐더는 읽고 있던 기사로 눈을 돌렸다. 피닉스는 땅콩을 바에 내려놓고 손으로 차가운 잔을 감싸 쥐고는 들어 올려 입술에 가져다 댔다. 그는 갓 나온 잔을 비우기 시작했다. "심지어 내가 죽더라도 남는 게 얼마 없어요. 죽음을 가치 있게 만들어 줄 보험도 충분히 없단 말이죠." 그는 잔을 앞으로 밀어내 한 잔 더 채워 달라는 신호를 보냈다. "난 참 대단한 영업사원인가 봐요." 그는 숨을 내쉬면서 투덜거렸다. 그리고 콧잔등을 꼬집고 눈을 꼭 감더니 양 손으로 얼굴을 감싸 쥐었다.

바텐더가 "운전할 거 아녜요?"라고 물었다.

"여기서 멀지 않은 곳에 살아요. 두어 블록 정도. 괜찮아요."

"전 잘 모르겠네요. 여기 꽤 오래 있었잖아요."

피닉스는 호소하는 눈빛으로 바텐더를 바라봤다. 그는 이미 바텐더의 호의를 잃었다는 사실을 알았지만, 어젯밤에 그런 일이 있었는데 어떻게 집에서 아들을 볼지 막막했다. 바텐더가 그를 내쫓을 거란 사실은 명백했다. 이걸 느낀 피닉스는 얼마인가 현금을 꺼내놓고 바에서 물러났다. 아무런 말없이 그는 코트와 모자

속으로 몸을 구겨 넣었다. 그는 모자를 깊이 눌러 쓰고는 출구를 향해 바를 따라 걸어갔다.

바깥은 어두웠고, 피닉스는 자신이 토한 숨결을 볼 수 있었다. 별은 없었다. 불투명한 12월의 구름 너머 어디론가 사라져버렸다. 그는 자신의 검은 소형차로 발길을 옮기면서 열쇠를 찾기 위해 주머니를 뒤적였다. 차 안이라고 상황이 더 좋을 것은 없었다. 냉기로 손가락이 둔감해지는 게 느껴졌다. 피닉스는 마지막 담배에 불을 붙이곤 뒤로 기대앉은 뒤 엔진에 열이 오르기를 기다렸다.

그는 머리카락을 뒤로 쓸어 넘기며 불운한 스스로에게 한숨을 쉬었다. 담배를 깊이 빨아들이고는 눈꺼풀을 감았다. 연기가 피어오르면서 그의 머리 부근에서 성긴 회색 리본을 만들더니 차의 천장 부근에서 옅은 구름을 형성했다. 피닉스는 눈을 뜨고 담배에서 피어오르는 연기를 눈으로 좇았다. 그는 천천히 고개를 저었다. 아들에게 뭐라고 말해야 할지 생각했지만, 그 애가 자기와 말을 섞으려 할지조차도 알 수 없었다. 갑자기 운전석 쪽 창문에서 노크소리가 나서 피닉스는 깜짝 놀랐다.

"맙소사." 창문에서 노크소리가 났을 때 손에서 놓친 불붙은 담배를 주워들기 위해, 그는 차 바닥을 더듬었다. 담배를 찾은 그는 넘칠 것 같은 재떨이에 나머지를 비벼 끄고는 창문을 내렸다.

"무슨 일이시죠?" 그는 생각을 방해한 낯선 이를 쳐다보면서 무뚝뚝하게 물었다.

"좀 도와드릴까요?"

"뭐라고요?" 피닉스는 차 바로 옆에 선 낯선 이를 올려다봤다. "우리 서로 아는 사인가요?"

"제 이름은 챔프 데일리(Champ Dailey)입니다." 낯선 이는 장갑을 낀 손을 내밀며 말했다. 피닉스는 별로 내키지는 않지만 손을 내밀어 부드러운 검은 가죽장갑을 약하게 쥔 다음 빠르게 놓았다.

"당신 이름은요?" 낯선 이가 물었다.

"피닉스 업맨입니다."

"반갑습니다, 업맨 씨. 아까 바에서 당신 얘기를 주워들었어요. 상황이 어려우시다니 참 안타깝군요."

피닉스는 대체 무얼 어떻게 해야 할지 감이 잡히지

않았다. 바텐더가 마지못해 그에게 관심을 보이는 척했을 때, 그가 원한 것이라곤 아주 약간의 동정심이었다. 이제 와서 낯선 이가 동정심을 표하다니. 글쎄, 피닉스는 이것 때문에 더 비참해질 뿐이었다. 그는 그 말에 손과 고개를 내저은 뒤 시선을 똑바로 고정했다.

"당신이 월요일에 제 사무실에 와 주셨으면 좋겠군요. 제가 당신을 도와드릴 수 있습니다." 챔프가 말을 이었다. 그는 주머니에서 명함을 꺼내 내밀었다. 피닉스는 그것을 받아들고 의심스럽다는 듯이 찬찬히 뜯어보았다.

"날 돕는다고요? 당신은 날 알지도 못하잖습니까?"

"놀라실 겁니다." 챔프는 대답했다. 그의 얼굴에는 따뜻한 미소가 퍼지고 있었다.

"뭐 고리대금업자 같은 겁니까? 그런 건 손도 안 댈 겁니다. 난 이미 충분히 문제가 많다고요." 피닉스는 말했다.

"아닙니다, 업맨 씨." 챔프는 천천히 퍼지던 미소를 거두더니 말을 이었다. "전 그냥 아주 오래된 거울을 들여다보는 한 남자일 뿐입니다." 그 말을 남기고 그는 돌아서서 주차장을 가로질러 걸어가면서 어깨너머로 외쳤다. "월요일, 정오입니다."

피닉스의 눈은 백미러로 챔프를 좇았다. 챔프는 자기 차에 타더니 주차장을 빠져나갔다. 그가 간 뒤 피닉스는 자기 자신을 바라보고 있었다는 사실을 깨달았다. '오래된 거울이라고?' 그는 자기 얼굴을 찬찬히 뜯어보면서 되새김질을 했다. 아직도 손에 쥐고 있는 명함으로 시선을 떨궜다. '지금 이 시점에서 잃을 건 아무것도 없지, 아마도.' 그는 명함을 지갑에 끼워 넣고는 집을 향해 출발했다.

피닉스는 월요일 아침에 샤워를 하고 출근 준비를 하느라 분주했다. 그는 오로지 지난밤의 이상한 만남과, 오늘로 예정된 챔프 데일리라는 사람과의 면담만이 머릿속에 가득했다. 피닉스는 이미 오래 전에 희망을 잃었다. 그러나 그날 점심시간에 명함에 적힌 주소지인 브로드 스트리트(Broad Street)를 따라 걸으면서 궁금증이 그의 발걸음을 재촉했다. 숫자가 커질수록 빌딩들은 보다 더 멋지고, 높고, 장식물이 많아졌다. 마침내 브로드 스트리트와 퍼스트 스트리트(First Street)가 만나는 모퉁이 지점에 위치한, 그 거리에서 가장 큰 건물 앞에 멈춰 섰다. 빌딩의 정면을 올려다보고 있자니 현기증이 났다. 피닉스는 제대로 왔는지 확인차 명함에 쓰인 주소를 한 번 더 체크했다. 브로드 스트리트 700번지. 그는 한숨을 토하고는 길거리에 서서 쓸데없이 층수를 세어보려고 했다.

"어떻게 오셨지요?" 그가 층수를 세고 있자니 경비원이 말을 걸어왔다.

"챔프 데일리씨와 면담이 있습니다."

"그러시군요." 경비는 대답을 하더니 높다란 유리문을 활짝 열어 피닉스를 안으로 들여보냈다. "왼쪽에 있는 엘리베이터를 이용하세요. 20층에서 25층이라고 표시된 거요. 데일리 씨의 사무실은 25층입니다. 엘리베이터는 오른쪽으로 내리시면 됩니다."

피닉스는 고개를 끄덕였다. 활기로 넘쳐나는 로비 때문에 정신이 없었다. 그는 제대로 엘리베이터를 찾아 탔다. 손가락이 버튼 위에서 춤을 추듯 움직였다. 그는 대체 자신이 어떤 상황 속으로 걸어 들어가고 있는지 의문이 끊이지 않았다.

문이 열리고 광활한 리셉션이 나타났다. 피닉스는 곧장 압도당했다. 그 방은 피닉스의 사무실에 있는 전체 세일즈 부서 구역 크기보다 컸다. 엘리베이터를 내리기 전에 머뭇거리면서, 제대로 찾아왔는지 확인하기 위해 층을 다시 한 번 체크했다.

엘리베이터를 내리니 챔프 데일리가 그를 맞이했다. "업맨 씨, 와 주셔서 감사합니다. 건물을 찾는 데 어렵진 않으셨나요?"

"음…어, 아니요." 피닉스는 대답했다. "전 그저, 어, 제가 방해를 한 게 아니길 바랍니다. 바쁘시다면 나중에 올게요. 여긴 꽤 바빠 보이더군요."

"아닙니다, 전 당신을 기다리고 있었어요, 업맨 씨. 이쪽으로 오세요." 챔프는 리셉션을 지나 짧은 복도 쪽으로 그를 안내했다. 챔프가 문을 열어젖히는 것과 동시에 드러난 호화로운 사무실에 피닉스는 머리가 멍해졌다. 목재로 된 바닥과 오크로 짜 맞춘 벽에서 동굴같은 아늑함이 느껴졌다. 몇몇 그림 작품들은 방에 선명한 색채를 불어넣고 있었다. 피닉스는 이 고급스러운 방에 들어서서 지금껏 봐 온 사무실 중 가장 인상적인 곳이라고 생각했다.

피닉스는 챔프를 자세히 보았다. 그는 기억한 것보다 더 컸고, 군살이 없는 몸매에 머리는 촘촘한 은백색의 머리칼이 나 있었다. 그의 부드러운 푸른 눈은 환영의 뜻을 담은 따뜻한 눈길을 내뿜고 있었다. 덕분에 피닉스는 적어도 약간은 편히 있을 수 있었다. 그 남자는 뭐랄까 온화한 분위기를 자아내고 있었고 태평하면서도 편안해 보였다.

"와 주셔서 정말 기쁩니다." 챔프는 말했다. 그는 피닉스에게 자신의 책상 앞에 놓인 빈 의자를 권했다.

"지난번 밤에는 죄송했습니다. 제 생각에… 제가, 어, 저는 그저, 아시죠….."

"사과하실 필요 없습니다." 챔프가 공감한다는 듯 고개를 끄덕이며 말허리를 끊었다. 챔프는 맞은편에 앉은 피닉스를 잠시 동안 관찰하면서 자리에 앉았다. 정적이 찾아오자 피닉스는 안절부절못했다. 주위를 둘러싼 그림들과 호화로운 장식에 눈길이 가서 집중을 할 수가 없었다.

"저도 당신과 같은 위치에 서 있던 적이 있어요." 챔프가 아주 약간 몸을 기울이면서 마침내 입을 열었다. "저도 어둠과 절망의 나락에 빠졌던 적이 있죠."

피닉스는 책상 너머에 앉은 남자에게 혼란스러운 시선을 던졌다. "절망이요? 여기 물건들을 보아하니 당신은 절망과는 엄청나게 멀리 떨어져 있을 것 같은데요."

챔프는 멈칫하더니 다소 능글맞은 웃음을 지었다. "지금은 그렇죠. 하지만 아주 예전에는 완전히 엉망진창이었어요. 희망도 나아갈 길도 없었고, 삶의 모든 게 날 지나쳐가는 것 같았죠. 내 주변 상황 때문에 가족을 잃을뻔한 적도 있었어요. 제가 엄청나게 먼 길을 지나왔다고 말할 수 있을 것 같네요." 챔프는 눈을 감았다. 그의 얼굴에서 미소가 사라졌다. "며칠 전 밤, 바에서 당신의 얘기를 들었을 때 괴로운 기억들이 상당히 많이 되살아났어요."

피닉스는 다시 의자에 앉은 채 몸을 틀었다. 마치 사적인 순간을 침범하는 것 같은 기분이 들었다. 챔프는 피닉스를 인지하지 못하는 듯했다. 피닉스는 두 번 헛기침을 했다.

"그날 밤에 그 바에 있었다니, 재미있는 일이에요. 저는 전에는 바에 가본 적이 한 번도 없습니다. 거길 떠나고 난 뒤에 저는 계속해서 그날 밤 왜 우리 둘의 길이 교차했을지 의문을 가졌답니다. 무엇 때문에 저는 바로 그날 밤 바로 그 바에 있었던 걸까요?" 챔프는 다시 회상 속으로 빠져드는 듯했다. "제가 내릴 수 있던 유일한 결론은 무언가가 제가 거기에서, 바로 그곳에 가서 당신을 만나도록 의도했다는 거였죠."

피닉스는 그가 하는 말을 주의 깊게 생각하면서 챔프를 바라봤다. "이를테면 어떤 거요? 운명 같은 거 말인가요?"

"운명, 맞아요."

"왜죠? 내가 뭐가 그렇게 중요해서 운명이 우릴 만나게 했다는 건가요? 왜 저죠?"

챔프의 얼굴에 갑자기 미소가 번졌다. 그는 바로 고쳐 앉았다. 오랫동안 숨겨온 비밀을 공유할 때가 되었다는 듯, 그는 눈을 크게 떴다. "당신이 빠져있는 구덩이에서 당신을 구해내는 게 제가 해야 할 일이라고 생각해요. 내가 들은 적이 있는 바로 그 기회가 당신이라고 확신합니다. 그래요, 제가 지금과는 완전히 다른 사람이었던 아주 오래 전에 제가 받은 호의를 돌려줄 기회가 바로 당신이라고 확신합니다."

"이해가 안 되는군요." 피닉스가 대답했다.

"보세요, 몇 년 전에 저는 누군가 절 필요로 하는 사람을 돕게 될지도 모른다는 말을 들었습니다. 보는 순간 바로 알 거라더군요. 예전의 제 모습을 거울로 보는 것 같은 사람을 만날 테니 말이죠. 그 때엔 그 말을 이해할 수가 없었어요. 하지만 당신이 나타났고 마침내 모든 게 이해가 됐죠. 지난 밤에 당신 이야기를 들으면서 제가 도와야 할 사람이 바로 당신이라는 사실을 즉각 깨달았습니다."

"당신은 어떻게 이 모든 걸 알고 있는 거죠? 내가 찾는 사람이라는 걸 어떻게 알았죠?"

"왜냐하면 그 사람이 제게 그렇게 말했으니까요." 챔프가 말했다.

"누구요?"

"저의 멘토이자 자문가요. 다양한 방면에서 제 삶을 구원해주신 분이죠."

"누군데요?" 피닉스는 다시 물었다.

"J.C. 잡스(Jobs)입니다."

챔프는 이어서 J.C. 잡스가 어떻게 자신을, 그리고 그와 비슷한 많은 사람들의 인생을 뒤바꾸어 주었는지에 대해 설명했다.

"그는 우리들이 결코 불가능할거라 생각했던, 꿈도 꾸지 못했던 성공을 달성하게 도와줬어요." 피닉스는 단어 하나하나를 흡수하듯이 경청했다.

"J.C. 잡스는 제게 10개의 규칙을 알려주었죠. 그는 그걸 '부자가 되는 습관'이라고 불렀어요. 30일 동안 이 10개의 규칙에 따라 생활한 뒤 다시 만나자고 그랬죠. 이 10가지 규칙을 따르면 제가 처한 상황이 개선될 거라더군요. 당시 저는 잃을 게 하나도 없었습니다. 그래서 저는 그가 지시한 그대로 행동했고, 30일 뒤에 다시 그를 만났습니다." 챔프는 말을 멈추고는 어깨를 뒤로 으쓱해보였다.

"그리고요…?" 피닉스는 재촉했다.

"그리고 나머지는 역사죠. 지금 여기에서 당신을 둘러싸고 있는 모든 것은 '부자가 되는 습관'을 매일같이 실천하면서 산 덕분에 얻은 것들입니다. '부자가 되는 습관'은 제 삶을 완전히 뒤바꿔 놓았어요."

"그리고 이제 당신은 그 규칙을 저와 공유하겠다는 건가요?" 피닉스가 물었다. 그의 표정과 목소리엔 흥분한 기색이 묻어났다.

"아뇨." 챔프는 대답했다. 그는 의자에 기대고 다리를 꼬더니 피닉스를 똑바로 바라보았다.

"뭐라고요? 그럼 전 왜 여기 있는 겁니까?" 피닉스는 미간에 주름을 잡고 실눈을 떴다. 아까부터 살금살금 고개를 들기 시작했던, 챔프가 자신의 시간을 낭비하게 만들었다는 의심이 이제는 단단히 뿌리를 내리고 있었다. 피닉스는 당장 일어나서 즉시 뒤도 안 돌아보고 이 동굴 같은 사무실을 나갈까 고민했다. 그러나 여전히 무언가가 그를 그 자리에 묶어두고 있었다.

"그 원칙들은 보다 포괄적인 과정의 개요에 불과합니다. J.C.는 '부자가 되는 습관' 트레이닝 프로그램을 만들었죠. 그와 그의 팀은 당신과 같은 개인들이 '부자가 되는 습관'을 따르도록 훈련시킵니다. 제가 맡은 일은 J.C.의 거울 테스트를 통과한 후보를 만났을 때 끝나죠." 챔프는 그의 비싼 책상 위로 팔을 뻗어 펜을 집어 들더니 종이 위에 전화번호를 휘갈겨 썼다.

"이건 J.C.의 사무실 번호입니다. 내일 아침에 바로 이 번호로 전화하세요."

"그리고 뭐라고 말하죠? 트레이닝 프로그램 가격은 어떻게 되나요?" 피닉스는 물었다.

"후원이 있으면 비용은 없습니다, 업맨 씨. J.C.의 사무실에 챔프 데일리가 당신을 후원하고 있다고 말하세요. 그들이 도와줄 겁니다. 그 부분에 대해서는 제가 확신하죠."

그 말을 끝으로 챔프는 일어서더니 재킷을 매만지고 피닉스를 문으로 안내했다. 피닉스는 떠나는 게 내키지 않는다는 듯, J.C.의 전화번호가 적힌 종이를 꼭 쥐고 천천히 일어섰다. 그는 이 건물 전체에서 가장 값이 나가는 게, 이제는 자신의 소유가 된 이 단순한 종이쪼가리라는 생각이 멈추지 않았다.

다음날 아침, 피닉스는 챔프가 지시한대로 했다. 출근하자마자 그 번호로 전화를 걸었다. 한 여자가 받았다.

"안녕하세요, 제 이름은 피닉스 업맨이고 J.C. 잡스

씨와 통화하고 싶은데요. 챔프 데일리 씨가 그 분께 전화를 드리라고 말씀하셨어요."

"잡스 씨에게 뭐라고 말씀을 전해드릴까요?" 그 여자가 물었다. "챔프 데일리 씨는 제가 그 분께 후원을 받고 있다고 말씀드리라고 하셨습니다."

"알겠습니다, 업맨 씨." 그 여자는 대답했다. 그녀는 피닉스의 연락처를 받아 적고는 잡스에게 그 메시지를 전달하겠다고 말했다. 그리고는 전화를 끊었다. 몇 분 후, 같은 여자가 피닉스에게 전화를 걸어, 다음 번 '부자가 되는 습관' 트레이닝 세션을 위한 예약을 잡았다.

02
비서

"내가 대체 그녀를 어떻게 해야 좋을까?" 존 앤드류즈는 뉴저지 북부에 소재한 톱날 유통업체 선블레이드의 CEO다. 그는 방금 사무실 관리자인 니나에게 이번달 들어 세 번째로 디 워시가 지각할 것이란 소식을 들었다. 선블레이드에서 매일 아침 업무는 무척 중요하다. 특히 한 시간을 들여 기존 및 잠재 고객들에게 전화해야 하는 디의 역할은 더더욱 그랬다. 이건 수년 전 회사에서 만든 역할로, 지속적으로 유지만 된다면 판매로 직결됐다. 디가 늦는다는 것은 전화를 걸지 못한다는 뜻이었으며, 그렇게 되면 그 주의 판매량도 줄어들기 마련이다.

"존, 당신은 디를 위해서 계속해 규칙을 변용하고 있고, 그녀는 당신이 어디까지 가는지 보려고 한계를 시험하고 있다고요. 제가 작년에 그녀를 해고하라고 말했죠. 왜 아직까지도 해고하지 않는 거죠?" 니나는 디의 불성실한 자세와 뻔뻔한 태도에 인내심이 바닥났다. 니나는 디를 해고하길 바랐지만 존은 그렇게 할 수가 없었다.

"하지만 난 그녀에게서 엄청난 잠재력을 봤다고, 니나. 그녀가 반복하고 있는 이 나쁜 습관 중 일부라도 깨뜨릴 수 있다면, 그녀는 빛이 날 거야. 난 그냥 알 수가 있어."

디 워시는 그 회사에서 비서로 일하고 있다. 존의 말에 따르자면 그녀의 '나쁜 습관' 탓에 지난 2년 동안 급료는 변변찮았다. 그녀는 24살로 젊지만 몸집이 있는, 간결하게 말해 건강하지 못한 사람이다. 하지만 유쾌한 미소와 매력적인 얼굴을 지녔다. 디의 동료 대부분은 그녀를 근면하고 성실하며 시간을 엄수하는 직원이라고 서술했다. 동시에 다른 동료들은 게으르고, 태만하며, 느리다고도 말했다. 때로는 창의성과 뛰어난 근면성, 그리고 놀라운 잠재력을 보여주었으나 결국에는 늘 늦장 부리고 산만하고, 무관심한 태도로 돌아가곤 했다. 많은 이들은 근본적인 원인을 가족문제가 아닐까 생각했다. 디는 가족 문제로 인한 스트레스를 음식으로 풀었다. 그녀의 준 비만상태는 건강문제를 야기했고, 이는 잦은 병가로 이어졌다.

"나쁜 습관의 악순환이야." 존은 결근이 계속된 이후, 디와 가졌던 여러 번의 면담 중 한 번 그렇게 꾸짖었다.

디는 집안의 중추와 같았다. 변변찮은 수입이지만, 그녀 덕분에 집안이 유지되고 있었다. 그런데 불행하게도 디는 존의 조언을 단 한 번도 진심으로 받아들인 적이 없었다. 존은 가족 문제에 있어 디가 얼마나 예민한지 알고 있었다. 이 약점을 알고 있는 그녀의 가족은 디를 완전히 이용하고 있었다. 디의 불안정한 상태도 도움이 안 되기는 마찬가지였다. "난 그렇게 똑똑하지 않아요." 그녀는 사무실의 다른 사람들에게 종종 이렇게 말하곤 했다. "가족 중에선 내 사촌이 똑똑하죠. 그녀는 중요한 걸 다 독차지했고, 전 그저 자투리를 가져 갔을 뿐이에요."

"그녀의 사촌이라고?" 존은 니나에게 고함을 쳤다. "얹혀사는 것도 모자라 2년 동안 무직 상태이며, 결혼 도 않은 애 둘이 있는 그 똑똑이 말이야? 맙소사."

"개인적으로 드릴 말씀이 있는데요."

존은 점점 더 빈번히 반복되는 디와의 개별 면담에 완전히 지쳤다. "제가 바텐더 투잡을 구해서 금요일에 는 일찍 퇴근해야 할 것 같아요."

존은 디의 표정에서, 자신이 개별 면담에 지쳐가는 만큼 디가 두려워하고 있다는 걸 알 수 있었다. "얼마 나 일찍 가야 하지, 디?" 존은 짜증스럽게 물었다.

"4시에는 나가야 해요."

다른 직원들의 업무 시간은 오후 5시 30분에 끝난다. 존은 이게 다른 직원들 사이에서 큰 문제가 될 수 있다 는 걸 알았다. 직원들은 존이 디의 구미에 맞춰 또다시 규칙을 변경하는 데 분개할 것이다. 규칙이 디에게만 은 적용되지 않는 듯하니 말이다. 존은 디와 타협하지 못한다면 다른 모든 이들에게 잘못된 메시지를 보낼지도 모른다는 게 걱정됐다.

"두 가지 조건이 있어."

"네?" 디는 소심하게 대답했다.

"첫 번째는 일찍 가는 시간만큼 목요일에 추가 근무를 하는 거야." 직원들 중 일부는 다음 주 주문을 마무리 짓느라 목요일 늦게까지 일을 하니, 그녀가 추가 근무를 한다면 디가 특별 취급을 받는다는 직원들의 주장을 꺾을 수 있을 것 같았다.

"두 번째는 첫 번째 조건을 세 번 충족시키지 못하면 별 수 없이 자네를 해고할 거라는 거야."

디는 마지못해 하면서 조건을 받아들였다. 사실 달리 선택지가 없지 않은가? 그녀는 여분의 돈이 필요했다. 디는 존의 사무실을 나섰지만, 하루가 더디게 흘러갈수록 그에게 화가 났다. 존이 그녀를 찍어서 괴롭히고 있다는 생각이 든 것이다. 그녀는 그가 자신을 특별 취급해 줘야 한다고 생각했다. 감당해야 할 게 너무 많으니 말이다. 그런데 사장인 존은 그 둘만의 합의를 따르도록 강요하고 있다고 판단했다.

그럼에도 불구하고, 디는 한동안 존과의 새로운 스케줄에 잘 따랐다. 직원들은 이 합의를 받아들이는 것처럼 보였고, 존에게 반발하지도 않았다. 하지만 몇 주가 지나자, 디는 목요일에 이런 저런 핑계를 대면서 몇 분씩 일찍 가기 시작했다. 니나는 이를 가장 먼저 눈치채고 존에게 보고했다.

존은 금요일 아침에 디를 마주하고 말했다. "한 번 경고네, 디. 어제 일찍 집에 갔더군."

디는 화가 났다. 존이 너무 바빠 그녀가 일찍 퇴근했다는 걸 모를 거라고 생각하고 있었다. 분명 니나가 고자질 한 게 뻔했다. 디는 어쩔 수 없이 한동안 합의 사항을 따르는 듯했으나, 나중엔 다시 나쁜 습관으로 돌아갔다.

"두 번째 경고야, 디." 디가 두 번째로 그들의 합의 사항을 어긴 다음 금요일, 존은 그녀에게 충고를 했다. 머잖아 세 번째 경고도 이뤄졌고, 그 다음 금요일에 디는 해고되었다.

그녀가 집에서 내몰려난지도 두 주가 지났다. 디의 가족은 그녀를 저버렸다. 심지어 디가 따로 나와 살게 된 이후, 아무도 어떻게 지내는지 연락 한 번 하지 않았다. 디는 점점 돈이 바닥이 나고 있었다. 심지어 음식을 사 먹을 돈 조차도 부족할 판이었다. 어느 날 밤, 지나칠 정도로 익숙해진 허기를 이기지 못한 디는 따뜻한 밥을 먹기 위해 세인트 마이클(St. Michael)의 푸드 키친(배고픈 사람들을 대상으로 무료 혹은 시중보다 낮은 가격에 음식을 제공하는 곳)을 방문했다. 하지만 푸드 키친에 다가설수록, 그녀는 가난한 사람들이 바깥에서 기다리고 있는 줄에 설 자신이 없어졌다. 그녀는 그 블록 주변을 절박하게 돌아다니면서 줄에 설 용기와 겸손함이 생겨나길 바랐다.

재 구드는 디를 관찰하고 있었다. 그는 푸드 키친 바깥 줄에서 자원봉사자로 일하고 있었다. 그가 맡은 일은 줄이 앞으로 나아가게 만들고, 배고픈 사람에게 따뜻한 밥을 먹이기 위해 시설 안으로 안내하는 것이었다. 재은 디가 네 번째로 푸드 키친을 지나쳐 갔을 때 그녀를 눈치챘고, 그녀가 괴로워하고 있다는 걸 알 수 있었다. 재은 자원봉사자들 중 한 명에게 잠시 자기 자리를 지켜달라고 부탁하고 디에게 다가갔다. 디는 도로 경계석에 앉아 두 손에 얼굴을 파묻고 흐느껴 울고 있었다.

"배가 고프신가요?" 잰은 물었다.

"뭐라고요?" 그녀는 중얼거리며 되물었다.

"저는 푸드 키친에서 자원봉사자로 일하고 있어요. 지난 2시간 동안 당신이 지나쳐가는 걸 봤죠. 왜 안으로 들어와서 음식을 먹지 않는 거죠?"

"그렇게 할 수가 없어요." 디는 얼굴에 손을 가져다 대고 울기 시작했다. "난 못 해요. 난, 난 그냥 너무 수치스러워요." 디는 완전히 통제를 잃었고, 훌쩍일 때마다 그녀의 몸이 흔들렸다.

몸을 추스르면서 그녀는 잰을 올려다봤다. "이런 상황에 처할 거라고 한 번도 생각해 본 적이 없어요. 제가 자초한 거예요. 제가 이 모든 일을 벌어지게 만든 거라고요. 제가 저 자신의 가장 큰 적이에요. 전 훌륭한 기업에서 좋은 상사와 같이할 수 있는 멋진 직업을 날려버렸죠." 디는 다시 평정심을 잃고 훌쩍이기 시작하더니, 다시금 스스로를 추스르기 시작했다.

"제 상사는 있는 그대로 상황을 보게 만들어주려고

하셨어요. 전 그저 그 분의 말을 듣지 않았던 거죠. 전 완전히 인생 패배자예요." 잰은 그녀가 한 말 중 무언가 혹은 그녀가 처한 상황 중 어떤 것인가에 당황했다. 모든 게 너무 친숙하게 들렸고, 이미 예전에 지웠다고 생각했던 오래된 기억들을 불러일으켰다. 잰은 속상했다. 그는 양해를 구하고 푸드 키친으로 돌아갔다. 잠시 후에 그는 디에게 음식이 든 그릇을 가져다주며 말했다.

"제 이름은 잰 구드예요. 저는 당신이 겪고 있는 상황을 이해하고 있고, 도와드릴 수 있을 것 같아요."

"돕는다고요? 직업을 찾아주거나 뭐 그런 일을 하시나요?"

"정확히 그렇진 않고요." 잰은 말을 멈추고 아주 오래 전에 한 낯선 사람이 그에게 해 주었던 말을 반복했다. "전 그냥 아주 오래된 거울을 들여다보는 한 남자일 뿐입니다. 내일 밤, 푸드 키친이 문 닫는 시간에 와 주세요."

디는 지역 보호소의 침대에 누워 밤을 보내면서 잰이 한 말을 곰곰이 생각했다.

"전 그냥 아주 오래된 거울을 들여다보는 한 남자일

뿐입니다."

그녀는 궁금했다. 대체 그게 무슨 말이지? 잠이 들 때까지 그 말은 머릿속을 맴돌았다.

디는 이튿날 밤에 잰을 만났다. 잰은 자신의 이야기를 들려줬다. "아주 오래 전에 저는 당신과 비슷한 상황에서 실직한 적이 있어요. 모든 희망을 잃었죠. 그런데 제 인생을 뒤바꿔 준 한 낯선 사람 덕분에 구원받았어요."

"그 사람이 어떻게 당신의 삶을 뒤바꿔 주었죠?" 디는 간절하게 물었다. 잰은 고쳐 앉더니 깊이 숨을 들이쉬면서 말했다.

"그 사람은 내 인생을 완전히 바꿔버린 10개의 규칙을 공유해 주었어요. 당시엔 무직이었지만, 지금은 한 회사의 CEO예요. 이 규칙들을 따르는 건 쉽지 않았습니다. 그는 그걸 '부자가 되는 습관'이라고 부르더군요. 저는 이 규칙들을 따랐고, 10년 전에 지금 제 삶의 위치에 다다르게 됐습니다."

"그 '부자가 되는 습관'들은 뭔가요?" 디는 간청하면서도 진심어린 어투로 물었다.

"그렇게 간단한 문제는 아녜요. 당신은 트레이닝 프로그램을 거쳐야 합니다. 당신이 후원을 받는다면 비용은 들지 않아요. 프로그램은 당신의 삶을 뒤바꾸는 데 필요한 모든 것들을 가르쳐줄 겁니다." 잰은 주머니에 손을 넣더니 펜과 종이를 꺼내들고 디에게 전화번호를 적어주었다. "그의 이름은 J.C. 잡스입니다. 아침에 그의 사무실로 전화하세요. 그쪽에 잰 구드가 당신을 후원한다고 말하세요."

디는 잰의 조언대로 행동했고, '부자가 되는 습관' 트레이닝 프로그램의 다음 세션 대기자 명단에 이름을 올렸다.

03

●

자동차 딜러

허브 라이저(Herb Riser)는 충격을 받았다. 그는 방금 전 그를 전담하는 은행원에게서 전화를 받았다. 그런데 그의 딜러십 매입 자금 융자 방식(팔릴 때까지 상품을 담보로 하는 자금 차입 방식) 파이낸싱을 연장할 희망이 완전히 사라진 것 같았다. 은행은 허브와의 차입계약에 따른 권리를 행사해 손실을 최소화하려 했다. 그의 재고를 차압한 뒤 특판을 하겠다고 알려온 것이다. 허브에게 이는 곧 파산을 의미했다. 그의 사업, 더 나아가서는 가족은 경제적으로 붕괴할 처지에 놓였다.

그날 밤, 집으로 운전해 가면서 그는 너무나도 외로

웠다. 주차장 바깥의 불빛을 맞으며, 허브는 눈을 감고 고개를 뒤로 젖혔다. "어쩌다가 이런 일이 벌어진 거지?" 그 말들은 차 안에서 갇혀 사라져갔다. "아내에겐 뭐라고 말해야 하지?"

이제 곧 가족들에게 괴로움을 안기게 될 것이라는 생각에 견딜 수가 없었다. 부부에게는 아직 어린 아이들과 엄청난 대출금, 그리고 지불해야 할 수많은 공과금이 남아 있었다. 그가 고용한 사람들도 자기 나름대로 일련의 경제적인 부담이 있어 더 나을 게 없었다. 그들 중 많은 이들은 허브와 일할 기회를 좇아 좋은 직장을 버리고 와서 함께 일하고 있었다. 그리고 이제 그들은 파산으로 보답 받게 생겼다. 뒤쪽 어디에선가 자동차 경적이 울리자, 허브는 눈을 뜨고 자기 앞에 켜진 녹색 불을 봤다.

출발하면서 왼쪽을 보니 불이 켜진 커다란 딜러샵이 보였다. 그의 딜러샵에서 대각선에 위치한 곳이었다. 그 딜러샵은 번창하고 있었다. 그들의 자동차 재고는 매월 돌고 있는 반면, 허브네 재고는 먼지가 끼고 악천후에 닳고 있었다. "저 사람은 대체 뭐가 다른 걸까?"

엄청나게 먼 거리에서 대답을 애걸했지만, 그의 외침은 들리지 않았다.

허브는 자동차 사업에 20년 동안 몸을 담고 있었다. 자신이 일했던 모든 딜러샵에서 그는 일등 영업사원이었다. 그 누구도 허브의 생산성에 견주지 못했다. 그는 어떻게 차를 팔아야 하는지를 알고 있었다. 주차장에 세워진 거라면 뭐든 팔 수 있었고, 스스로도 그 사실을 알고 있었으며, 종종 동료들에게 그 사실을 떠벌렸다. "나는 에스키모에게 얼음도 팔 수 있다고."

그의 성공은 보상을 받았다. 두둑한 보너스를 챙겼으며, 자유로운 휴가, 롤렉스 시계, 그 밖에 다양한 종류와 형태로 각종 보상을 받아 챙겼다.

허브는 그의 집이 위치한 거리로 접어들었다. 조용하고 나무가 늘어선 막다른 골목이었다. 바로 뒤에는 좁은 물줄기가 흐르고 있었다. 집들은 빽빽하지만 정돈된 잔디밭 안에 깔끔히 틀에 박힌 듯 서 있었고, 찻길은 화단에 맞닿아 있었다. 그는 집 앞에 있는 도로에서 시동을 껐다. 부엌과 거실에 불이 켜져 있었다. 그의 가족은 아마 다들 깨어있을 것이다. 아내는 싱크대에서 설거지를 하고 있고, 아이들은 TV를 보거나 숙제를 하거나 아니면 놀고 있는 듯했다. 그는 가족들에게 말을 꺼낼 수가 없었다. 어떻게 그들이 가진 가정이라는 아늑한 느낌과 안전을 무너뜨릴 수 있단 말인가? 아내와 아이들은 그가 집으로 들어와 저녁을 좀 데워 먹고, 함께 이야기하길 기다리고 있었다. 그들에게 오늘 밤은 여느 날과 다를 것 없는 밤이었다. 하지만 허브는 모든 게 곧 엄청나게 바뀔 것이란 사실을 알고 있었다.

수년 전 전국 자동차 딜러 협회 모임에서 평소 알고 지내던 한 딜러가 접근한 적이 있었다. 그들은 담소를 나눴다. 그 딜러는 허브에게 그 달의 재무상태를 점검하고 다음 달 예산을 짜기 위해 매월 로드 아일랜드(Rhode Island)에 있는 미쓰비시 프랜차이즈를 순방하는데에 점점 지치고 있다고 토로했다. 그는 바이어를 찾고 있었고, 허브는 적극적으로 그 기회를 잡았다. 허브는 오랫동안 자신만의 가게를 갖는 꿈을 품고 있었다.

'그 자신만의' 딜러샵을 운영하는 것 말이다. 그가 믿는 방식대로 딜러샵을 운영하면서 자신만의 규칙을 세우고 스스로 보상을 거두는 게 꿈이었다. 그는 업계 거물이 되고 싶었고, 이 기회가 바로 오랫동안 기다려온 행운이라고 생각했다.

첫 몇 달 동안 그가 새로이 인수한 딜러샵은 느리게 굴러갔다. 하지만 그게 허브의 결심을 흔들지는 못했다. 소유주가 바뀌면서 세일즈 수치가 낮은 것이라고 생각했고, 머지않아 상황이 개선될 것이라는 확신을 품고 있었다. 그는 심지어 직접 나서서 그의 세일즈 팀에게 프로의 세일즈가 어떤 것인지를 보여줄 준비까지 되어 있었다. 세일즈 수치는 조금 올라가긴 했으나 허브가 기대한 것만큼은 아니었다. 매일, 매월, 계속해서 판매했지만 영업은 점점 어려워졌다.

허브는 경영자로서 늘어난 책임을 조정하는 데 어려움을 겪고 있었다. 현금흐름 문제가 그의 시간 대부분을 잡아먹었다. 그는 새로운 대출을 뚫기 위해, 혹은 새로이 매입 자금 융자 파이낸싱 계약을 맺기 위해 은행을 더 자주 방문했다. 자기 쇼룸에서 보내는 시간보다 은행 사무실에서 보내는 시간이 더 길어졌다. 이 탓에 현금흐름 문제는 더욱 악화됐다. 비록 다른 딜러샵에서 영업사원으로 일할 때보다 생산성은 떨어지긴 했지만, 허브는 자기가 아는 한 최고의 영업사원이었다. 그래도 경영책임을 지는 동시에 영업을 하는 건 지나친 업무 과중이었다.

허브는 차에서 내려 차가운 밤공기 속으로 발을 내디뎠다. 꽉 맞는 가죽 장갑에 손가락을 쑤셔 넣었다. 그가 수년 전에 일했던 딜러샵에서 연간 세일즈 기록을 세워 받은 롤렉스 시계 위에서 달빛이 반짝였다. 이제 그는 불청객이 된 기분으로 집 현관에 서 있었다. 곧 집 안으로 들이닥쳐 평온한 가족의 세계를 무너뜨릴 불청객 말이다. 그는 그럴 수가 없었다. 아직은 안 된다. 허브는 현관에 놓인 낡은 고리버들 흔들의자에 앉아 생각을 집중하고 있었다. 그는 아직 준비가 안 됐다.

허브는 자동차 업계에 관심이 아주 많지는 않았다. 그에게 있어 자동차 딜러샵을 운영한다는 것은 단 한 가지를 의미했다. 바로 세일즈였다. 고객들은 단순히 정복해야 할 잠재적인 존재에 불과했다. 그는 종종 다른 영업사원들에게 "가로막는 것은 어떤 대가를 지불하더라도 극복하세요. 고객은 구매 결정을 내리지 않습니다. 우리가 그들을 대신해서 내려주죠. 그게 우리가 할 일입니다."라고 말하곤 했다.

　허브가 마지막으로 근무했던 딜러샵의 소유주는 종종, 그리고 어쩔 수 없이, 허브에게 무례한 취급을 받았다고 생각하는 고객들 편에 서서 중재자가 되기도 했다. 상사의 입장에서 허브는 숫자상으로는 물건을 팔 줄 알지만, 큰 그림을 이해할 줄은 모르는 것으로 보였다.

　"허브, 우리는 단순히 영업에만 관심이 있는 게 아닐세. 우리는 이 고객들과 평생 함께하길 바라고, 그들의 자녀들과 더 나아가 증손까지 관심이 있는 거라고. 딜러샵이라는 게 이 고객들에게 그들이 원하는 제품과 우리에게 기대하는 양질의 서비스를 끝까지 제공하는 거란 말이야. 고객, 그리고 그들과의 지속적인 비즈니스 없이는 우린 끝이란 말이지. 자네는 지금껏 내가 만난 최고의 영업사원이야. 하지만 이따금 자네는 영업에만 몰두해서, 단순히 차를 파는 것 이외에 돈을 벌어들이기 위해 필요한 다른 많은 것들을 놓치고 있다는 생각이 드네." 상사는 한 고객이 허브의 공격적인 판매 기술에 괴롭힘 당했다고 느낀 이후, 그와의 개별 면담에서 이렇게 설명했다.

   허브는 현관문 손잡이에 손을 올렸다. 손가락이 손잡이를 쥐었다. 바로 그 문 너머로 아이들이 이층 계단을 뛰어오르며 웃는 소리가 들렸다. 그냥 눈을 감았다. 웃음소리가 귀를 가득 메웠다. 그는 문에 이마를 가져다 댔다. 그러고는 코를 한 번 훌쩍였다. 코끝이 차가운 밤공기 때문에 화끈거렸다. 그리고 현관문을 열었다.

  "허브?" 아내가 부엌에서 부르는 소리가 들렸다. "오늘 늦었네. 당신 저녁 따로 덜어 뒀어."

   허브는 코트를 벗고 옷걸이에 건 뒤, 장갑을 조심스레 주머니에 밀어 넣었다. 그는 떨어지지 않는 발걸음으로 부엌을 향했고, 식탁 주변에 놓인 의자 중 아무데나 털썩 앉았다. 아내가 그를 위한 저녁을 준비하고 있었지만, 배가 고프지 않았다.

"괜찮아?" 허브의 행동을 눈치챈 아내가 물었다. 평소에 집에 오면 허브는 보다 활동적이었다. 긴 하루를 보내고 집에 돌아와 가족과 함께 있다는 사실에 행복해하면서 말이다.

"할 말이 있어." 허브가 말했다. 그는 빨리 끝낼 것이다. 심호흡을 하고는 입을 뗐다.

"우리 이제 어떻게 해야 하지?" 허브가 모든 얘기를 마치자 그의 아내는 반대편에 털썩 앉으며 물었다. 그녀의 얼굴은 어두웠고 눈은 어딘가 먼 곳에 고정돼 있었다. 허브는 아내를 바라보는 게 고통스러웠다.

"대출금은 어떻게 갚고?" 아내는 속삭였다. 남편이 들으라고 한 말이라기 보단 혼잣말에 가까웠다. 그녀는 울기 시작했고, 허브의 마음은 산산조각 나는 것 같았다. 2층의 침실에서는 아이들의 활기차고 생기 넘치는 소리가 들렸다. 반면 아래층 부엌은 울음소리로 가득 찼다.

허브는 이튿날 아침 가까스로 침대에서 기어 나왔다. 거울 속을 통해 그의 반사된 모습이 수염을 깎고, 양치를 하고, 머리카락을 빗어 넘기는 것으로 보였다. 마치

아주 먼 곳에서 다른 누군가를 보고 있는 것 같았다.

그가 딜러샵에 도착했을 때, 직원들은 얼마 지나지 않아 뭔가 잘못되었다는 것을 눈치챘다. 허브는 자신의 사무실에 틀어박혀서 하루 종일 아무와도 말을 섞으려 하지 않았다. 그는 이 엉망진창이 된 상태에서 빠져나올 방법을 절박하게 생각하고 있었지만, 그런 모든 생각에도 불구하고 해답을 찾지 못했다. 은행에 여러 번 전화를 걸었지만 받는 사람도 없었고, 대답이 돌아오지도 않았다.

딜러샵은 그날 대부분 조용하게 지나갔다. 손에 꼽힐 정도의 잠재적 구매자들만 쇼룸에 들어왔고, 성사된 계약이 없던 탓에 서비스 부서는 그날 저녁 일찍 문을 닫았다. 대부분의 직원이 퇴근했을 무렵, 허브는 위층에 있던 자기 사무실에서 내려와 밤마다 그래왔듯 문을 닫기 시작했다.

허브가 문을 닫기 위해 서비스 데스크에서 쇼룸으로 걸어갈 무렵이었다. 50대 중반쯤 되어 보이는 한 여성이 정문을 통해 걸어 들어왔다. 허브는 리셉션에 선 그녀를 보고 약간 놀랐다.

"어떻게 오셨죠?" 허브는 우울한 어조로 물었다.

"제 딸을 위해서 차를 하나 보려고요. 다음 달에 브라운 대학을 졸업하는데 깜짝 선물을 해주고 싶어서요. 컨버터블이 있나요?" 그 여성이 속사포처럼 말했다.

잠깐 동안 허브 안에 있는 세일즈맨 본성이 움찔했으나, 그 충동을 억눌렀다. "죄송합니다. 제가 도와드릴 수 없을 것 같군요."

"그래요, 그럼 SUV는요? 꼭 컨버터블이 아니어도 되거든요."

허브는 여성을 바라보면서 작아지는 기분이 들었다. "제 말은, 차를 팔 수가 없을 것 같다는 뜻이었어요. 서비스 지원을 해 드릴 수가 없거든요."

"무슨 말씀이신가요?"

허브는 말을 잇기 전 꿀꺽 침을 삼켰다.

"죄송하지만, 이번 달 이후로 저희는 거의 사업에서 손을 뗀 거나 다를 게 없을 거예요." 수치스러움에 허브의 시선은 그녀의 얼굴에서 바닥으로 떨어졌다. "저희는 당신 따님의 차에 대한 서비스나 여타 팔로업 지

원을 제공하지 못할 거예요. 정말 죄송합니다. 도와드
릴 수가 없어요. 전 아무도 못 도와드려요."

허브는 그 여성을 문 쪽으로 안내하려고 했지만, 그
녀는 움직이지 않았다. "잠시만요." 그녀가 말했다. 허
브를 향해 한 발 내딛은 그녀의 표정에는 연민이 서려
있었다. "무슨 일이 있었는지 말씀해 주지 않으시겠어
요?"

허브는 그녀의 요청에 놀라 바라보면서 잠시 동안 생
각에 빠졌다. 그는 이 시점에서 잃을 게 없다는 사실을
깨달았다. '안될 건 뭐람?' 그는 그렇게 생각했다. 허브
는 근처 책상에 있던 의자에 앉으라고 권유한 뒤, 모든
이야기를 쏟아냈다. 아무것도 숨기지 않았다. 자신의
실패에 대해 지나칠 정도로 솔직하게 말했다. 허브는
몰랐지만, 자신의 파산 이야기는 이 여성에게 친숙한
얘기였다. 그녀도 아주 오래 전에 파산했던 경험이 있
었기 때문이다.

"당신 이름이 뭐죠?" 허브가 얘기를 마치자 그녀가
물었다.

"허브 라이저입니다." 그는 당황스러움에 고개를 젓

고 손을 내밀었다. 심지어 자기소개도 하기 전에 이 여자에게 자신의 슬픈 얘기를 온통 털어놓은 것이었다.

"전 수잔 체인저예요." 그녀는 손을 꼭 맞잡으며 대답했다. "당신을 돕고 싶군요."

"절 돕는다고요?" 허브는 못미덥다는 투로 대답했다. "왜죠?"

수잔은 수년 전 누군가가 그녀에게 했던 말을 되풀이했다. "전 그냥 아주 오래된 거울을 들여다보는 한 사람일 뿐입니다."

수잔은 그녀 자신의 실패담과 J.C. 잡스라는 사람으로부터 받은 구원에 대해 이야기하기 시작했다.

"이게 J.C.의 사무실 번호입니다. 아침에 전화하세요. 그 쪽에 제가 당신을 후원하고 있다고 말하면 돼요. 그러면 당신은 다음 트레이닝 세션을 공짜로 받을 수 있을 겁니다."

그들은 악수를 하고 각자 제 갈 길을 갔다. 수잔이 딜러샵 문을 통해 나가는 동안 허브는 전화번호를 쳐다봤다. 'J.C. 잡스가 누구야?' 그는 눈을 감고 의아해했다. '당연히 그 사람이 기적을 일으켜줬으면 좋겠어. 내

가 필요한 게 그거니까. 기적.'

　여전히 눈을 감은 허브는 J.C. 잡스의 전화번호가 적힌 종이 쪼가리를 무의식적으로 양손으로 감싸고 있었다. 마치 기도하는 듯한 절실한 모습이었다.

04

회계사

아래쪽에 있는 관 위로 빨간 장미를 던지는 그의 뺨에는 눈물이 타고 흘렀다. 그의 장미가 마지막이었다. 그 마지막 동작으로 추도하는 사람들의 무리는 흩어지기 시작했고, 회계사는 세 명의 어린 아이들과 외로이 남겨졌다. 그는 드니스(Denise)의 관 위쪽에 서서 파인 무덤 안쪽을 멍하게 쳐다보면서 스스로를 증오했다.

"자궁 경부 상피 내 종양이래." 드니스는 그렇게 말했다. 그녀는 부엌 식탁에 앉아 그에게 갓 내린 커피를 따라주고 있었다. 그들 사이에 커피에서 피어오른 김이 서렸다. "의사 선생님은 병을 치료하기 위해서 수술을 추천하셨어."

"수술이라고?" 그는 불안정한 눈길로 그녀를 바라봤다. 햇살이 블라인드 사이로 기울어져 들어와 식탁에 너르게 내리쬐고 있었다. 유리 너머로 구름 한 점 없는 창공이 뒷마당 너머로 이어져 있는 게 보였다. 갑자기 그는 그 하늘에서 떨어져 나온 것처럼 느껴졌다. 영원히 떨어지고 있는 듯이 말이다. 드니스는 침착해 보였다. 마치 그에게 식료품 목록을 읽어주는 것 같았다. 드니스는 결코 더듬거리지 않았다. 심지어 이게 굉장히 심각한 사태였음에도, 병을 느긋하고 차분한 태도로 다루고 있었다. 드니스는 관계를 통제하는데 있어 늘 실용적이고 이성적이었다. 그와는 달리 속상해하는 적도 거의 없었다.

"수술이 반드시 필요한지 물었고, 의사 선생님은 다소 확신이 없어 보이셨어." 드니스는 무시하는 투로 왼손을 허공에 던졌다. "의사 선생님은 내가 지금 당장 수술을 할 필요는 없댔어. 하지만 마냥 병을 그냥 두면 분명 위험이 있다고 하시더라고." 드니스는 한 손으로 가볍게 턱을 괴었다. 마치 얼마 전에 다녀온 휴가를 떠

올린다든가, 이웃의 새로운 부엌에 대해 얘기하는 것 같았다. 그녀의 침착한 태도에 그는 놀랐다.

"수술을 받아, 드니스, 제발."

"오, '제발' 정신 차려. 수술비 못 대는 거 알잖아. 우리 보험에 문제가 있어. 공제 받을 수 있는 기준선이 너무 높아."

"만약 수술을 받아야 하는 상황이면, 수술을 받아야 하는 거야." 그는 아내에게 통사정을 했다. 그는 입에 손을 가져다대고는 아픈 드니스의 이미지를 지워내기 위해 고개를 저었다. 지금 여기에 있는 드니스 그 자체의 모습에 집중하려 했다. 그녀는 그가 알고 있는 드니스처럼 보였다. 약 20년 전에 결혼한 그 때와 동일한 여자. 비록 지금은 다소 통통하고 언제나 생생하고 생기 넘치는 눈빛에는 미소가 서려있었지만 말이다. 그녀가 아플 리가 없었다. 드니스는 그럴 리 없었다.

"우린 지금 당장 수술비를 댈 수가 없고, 내가 옴짝달싹 못하게 되는 상황도 버텨낼 수가 없을 거야. 우린 그냥 지금 5천 달러가 없는 거라고. 수술은 좀 미루자." 드니스가 요구했다.

그는 식탁으로 손을 떨구고는 들으라는 듯 지친 신음 소리를 냈다. 아내의 손가락이 식탁 위를 쓸 듯이 움직이며 그의 손 위에 겹쳐졌다. 따뜻하고, 부드럽고, 위안이 되었다. 그녀는 남편을 안심시키려는 듯이 꼭 쥐었다. "납세 기간 이후까진 기다릴 수 있잖아. 그땐 돈이 좀 있을 테니까." 그녀는 그에게 미소 지어 보였다.

약 3개월 뒤, 회계사가 연중 가장 바쁜 기간인 납세 기간이 찾아왔다. 그가 일 때문에 한창 정신이 없을 때 드니스의 상태는 악화되었다. 점상출혈이 더 잦아졌지만, 그녀는 하루에 16시간 일하는 것도 모자라 주말까지 출근하는 남편이 걱정하지 않길 바랐다. 그녀는 남편에게 다음 6주 내로 처리되어야 할 수백 건의 세금 환급 문제를 안고 있는 수백 명의 고객이 있다는 사실을 알고 있었다. 드니스는 금전적으로 약간 숨통이 트이고 그녀의 병을 치료할 수 있는 돈이 생길 납세 기간이 끝나기 전까지는 남편을 방해하지 않기로 결심했다. 그러나 그 수술은 결코 이뤄지지 못했다. 드니스의 병은 암으로 전이되었고, 들불처럼 번져나갔다. 그녀는 여름까지 겨우 버티다 병상에서 숨을 거뒀다. 산산이 부서진 남편과 세 아이를 남기고 말이다. 상냥하고 헌신적인 아내이자 엄마였던 드니스는 더 이상 없었다.

그 회계사는 그의 일과 편부모라는 새로운 역할을 가까스로 해내고 있었다. 안개가 걷히고 어느 정도 머리가 명료해질 때까지 거의 1년이라는 시간이 걸렸다. 아내의 갑작스런 죽음에 그는 화가 났고 혼란스러웠다. 그는 드니스의 죽음과 그들이 겪은 경제적인 어려움에 스스로를 책망했다. 그러한 자책은 어느 날 드니스가 꿈에 찾아와 "당신한테 지금 필요한 건, 제대로 된 질문을 던지는 거야."라고 말하는 생생한 꿈을 꿀 때까지 계속됐다. 그 말은 그날 잠에 들기 전까지 하루 종일 그 회계사의 귓전에 맴돌았다.

바로 그 다음날 잠에서 깨어나면서 새로운 생각이 들었다. "나한테 경제적인 조언을 구하는 고객들 중 상당수가 잘 나가고 있는데 나는 왜 그렇지 못한 걸까?" 그는 잠기운에 눈을 비비면서 자문했다. "지식의 문제는 아닐 거야. 세법과 자금조달 관련한 부분은 그 어떤 고객보다도 내가 훨씬 더 많이 알고 있으니까. 그 사람들은 제대로 하고 있는 반면, 내가 제대로 못하고 있는 게 분명 있을 거야!"

그 회계사는 즉시 고객들의 비법을 밝혀내기로 마음먹었다. 그가 가장 먼저 한 일은 성공하는 고객들에게 물어볼 질문지를 작성하는 것이었다. 그가 하지 않는 것 중 무엇을 그 고객들이 하고 있는지 밝혀내기 위해서였다. 그의 목록은 시간이 지나면서 20개의 질문으로 추려졌다. 어느 날 밤, 그는 이 일련의 질문을 그의 성공하지 못하는 고객들을 대상으로 던져봐야겠다는 생각을 했다. 그들과 부유한 고객들의 대답 간에 차이점이 있는지 살펴보기 위해서 말이다. 미국 특허국은 이러한 사람들의 이례적인 생각과 아이디어를 "천재성의 번뜩임"이라고 부른다. 그날 밤, 그 회계사는 성공한 고객들로부터 받은 대답들을 성공하지 못한 고객들의 대답들과 비교했을 때에서야 타당성을 얻는다는 사실을 깨달았다.

초기에는 상대적으로 심플하고 단기적이었던 이 프로젝트는 5년간의 집요한 프로젝트로 바뀌었다. 그는 두 개의 서로 다른 그룹에서 모은 자료를 꼼꼼히 살펴

분석하고 발굴해냈다. 도출해낸 결론은 충격적이었다. 성공한 고객들과 성공하지 못하는 고객들로부터 받은 대답 사이에는 그랜드 캐년 만큼이나 차이가 있었기 때문이다.

일례로 그가 "사무실을 떠난 후 어떤 행동을 하십니까?"라는 질문을 던졌을 때, 성공한 고객 그룹은 다양한 사교 혹은 사업 활동에 참가하고 있다고 답했다. 일부는 다른 이사회에서 활동했다. 일부는 연설을 했고, 일부는 강연을 했고, 또 다른 사람들은 교회에 나갔다. 일부는 자신의 전문 분야와 관련된 보다 높은 학위를 따기 위해 공부했다. 일부는 집에 마련한 사무실에서 마저 업무를 봤고, 일부는 자그마한 스포츠 리그 클럽을 운영했으며, 일부는 비영리단체에서 자원봉사 활동에 참여했다.

같은 질문을 성공하지 못하는 고객 그룹에 던졌을 때, 이들의 대답은 놀라울 정도로 한결같았다. 이들은 저녁을 먹고, TV를 보거나 오락거리를 찾거나 잠자리에 들었고, 이튿날에도 동일하게 행동했다. 그 회계사는 경제적으로 성공을 거두는 비법을 발견했다는 걸 깨달았다. 성공하는 사람들에게는 몸에 밴 일상 속의 습관이 있었던 것이다.

그는 자신의 발견에 흥분했고, 이걸 분류해 궁극적으로 이해하기 쉬운 원리로 추려 정리했다. 이른바 '부자가 되는 습관'이라고 알려진 원리다.

그 회계사는 이 습관들을 그의 일상 속에 녹여 들이기 시작했다. 30일 동안 그는 부지런하게 그가 만든 '부자가 되는 습관' 리스트를 따랐다. 매일매일, 아침과 점심, 그리고 잠자리에 들기 전에 그는 그의 리스트를 살폈다. 갑자기 기회들이 나타나기 시작했다. 그의 수입은 늘어나기 시작했다. 새로운 고객들이 그의 사무실을 찾아왔다. 그는 새로운 고객들의 요구사항을 충족시키기 위해 새로운 인력을 고용해야 했다. 그 회계사는 신바람이 나서 자제하기가 쉽지 않았다. 마치 그의 삶을 변화시키는 마법의 영약이라도 마신 것 같은 기분이 들었다.

'부자가 되는 습관'을 일상 속에 녹여 들인지 얼마 지나지 않아, 심각한 현금 흐름 문제를 겪고 있는 한 나이든 고객이 전화를 걸어왔다.

"당신이 나서서 제가 은행에서 새로운 대출을 받을 수 있게 도와줬으면 좋겠어요." 그 고객은 전화 너머로 요청했다. "전 새로 5만 달러가 정말로 필요하거든요. 만약 이 돈을 확보하지 못하면 전 끝장입니다. 다음 달에 월급과 판매사들에게 지급해야 할 돈을 줄 수가 없을 거예요."

그 회계사가 생각하건데, 이 고객은 처음 만났을 때부터 늘 현금흐름과 씨름하고 있던 것 같았다. 한 가지 생각이 그의 뇌리를 스쳤다. "이렇게 해 보시는 건 어떨까요?" 회계사가 제안했다. "제가 무료로 추가 자금 조달이 가능하도록 도와드리죠. 하지만 한 가지 저를 위해 해 주셔야 할 게 있습니다. 다음 주에 제 사무실에 오시면 더 자세한 말씀을 드리죠." 회계사는 전화를 끊었다. 그 다음 한 주 동안 그는 '부자가 되는 습관'에 기반한 실행 가능한 프로그램을 개발하는 데 몰두했다. 그의 불운한 고객과 공유할 수 있도록 말이다.

다음 주, 둘은 회계사의 사무실에서 만났다. "이게 뭐죠?" 고객은 자기 앞에 놓인 종이를 보고 혼란스러워했다.

"이건 동의서입니다." 회계사가 대답했다.

"무슨 동의서죠?" 고객은 안내문을 꼼꼼히 살피면서 물었다. 안내문은 다음과 같았다.

"나는 여기에 첨부된 프로그램을 30일 동안 성실히 이행할 것에 동의합니다. 대신 추가적인 자금조달을 확보하는 것과 관련 수수료는 모두 감면받게 됩니다."

고객은 한동안 서류를 뒤적이며 회계사가 그 사람만을 위해 짠 프로그램을 찬찬히 살폈다.

"이게 내가 해야 할 일의 전부입니까? 이 프로그램을 30일 동안 따르는 게요?"

회계사는 가벼운 미소를 지어보였다. "30일 동안요."

"단순해 보이는데요." 고객은 서류에 서명했다.

"시작할 준비가 되셨나요?" 회계사는 열정적으로 물었다.

"지금요? 저…저… 전 그런 것 같네요." 고객은 말을 더듬었다.

그 말을 신호로 J.C. 잡스는 '부자가 되는 습관' 트레이닝 프로그램의 복사본 한 부를 고객에게 내밀고 첫 번째 장을 넘겼다.

2부

·

'부자가 되는 습관'
트레이닝 프로그램

'부자가 되는 습관' 10가지 약속

　'부자가 되는 습관' 트레이닝 프로그램을 시작하기에 앞서, 운과 관련된 경제적 성공에 대한 통념을 떨쳐버려야 한다. 성공하지 못하는 사람들은 많이들 '행운'이 없거나 그저 '불운'할 뿐이라고 합리화한다. 이들은 경제적으로 성공하기 위해서는 행운이 필요하다고 주장한다. 성공하는 데 행운이 그렇게 중요할까? 대답은 그야말로 "예!"다. 모든 성공한 사람들은 숙련된 행운을 갖추고 있다. 사실 어느 정도 운이 없다면 아무도 결코 성공하지 못할 것이다. 하지만 이제 이 사실을 좀 더 자세히 설명해 보도록 하자.

세상에는 4가지 종류의 운이 있다. 첫 번째 종류의 운은 "무작위적인 행운"이다. 이건 우리가 통제할 수 없는 종류의 행운으로, 복권에 당첨되거나 예상치 못한 상속을 받는 일 등이 있다.

두 번째 종류의 운은 "무작위적인 불운"이다. 무작위적인 행운과 마찬가지로 우리는 이걸 통제할 수 없다. 이러한 종류의 운을 만들어내는 사건은 대부분 우리들의 통제권 밖에 있다. 병에 걸리거나 벼락에 맞는 일, 예상치 못한 사고, 집을 나무가 덮치는 등을 예로 들 수 있다.

세 번째 종류의 운은 "기회 운"이다. 이 행운은 일상 속의 좋은 습관을 통해 얻을 수 있다. 기회 운은 일종의 사과 과수원과 같다. 땅을 경작하고 사과 씨를 심은 뒤 부지런히 자라나는 나무에게 영양을 공급해주는 것이다. 어느 정도 시간이 지나면 사과나무는 꽃을 피우고 열매를 맺는다. 이 열매는 오랜 시간에 걸쳐 당신이 해야 할 일을 한 데에 따른 결과물이다. 이 사과들이 기회 운이다.

성공하는 사람들은 자기네 삶 속에서 기회 운이 발생

하도록 만들기 위해 장기간에 걸쳐 필요한 행동을 취한다. 그들은 매일같이 '부자가 되는 습관'을 실천하면서 산다. '부자가 되는 습관'은 마치 기회 운을 끌어당기는 자석과 같다. 많은 기회들은 전적으로 예기치 못한 것이나 다름없다. 어떤 사람들은 이걸 "끌어당김의 법칙(the law of attraction)"이라고 부른다. 기회 운은 '부자가 되는 습관'을 실천하면서 사는 사람들에게 이끌린다.

네 번째 종류의 운은 "해로운 운"이다. 해로운 운은 기회 운의 악랄한 쌍둥이다. 성공하지 못하는 사람들은 나쁜 습관이 있다. '부자가 되는 습관'과 마찬가지로, 나쁜 습관도 씨앗이긴 하다. 나쁜 습관도 뿌리를 내려 자라며, 마찬가지로 열매를 맺는다. 불행히도 나쁜 습관으로 맺은 나쁜 열매는 성공하지 못하는 사람들의 삶에 해로운 운을 가지고 온다. 이 해로운 운은 실직, 투자 손실, 압류, 이혼, 질병, 혹은 비슷한 무언가 등이 있다.

성공적인 삶을 위해서는 제대로 된 종류의 운을 유도할 필요가 있다. '부자가 되는 습관'에 따라서 산다면 제대로 된 종류의 운을 이끌어 온다고 보장할 수 있다.

그리고 갑작스럽게 기회가 찾아올 것이다. 낮은 곳에 맺힌 열매처럼, 당신이 해야 할 일은 그저 손을 뻗어서 그 열매를 따는 것뿐이다.

'부자가 되는 습관' 약속 ❶

> **나는 좋은 일상 속 습관을 형성하고 매일같이 이 좋은 일상 속 습관을 따르겠습니다.**

좋은 일상 속 습관은 성공의 기초다. 성공하는 사람들과 성공하지 못하는 사람들의 일상 속 습관은 서로 다르다. 성공하는 사람들은 대부분 좋은 습관을 갖고 있으며, 나쁜 습관은 매우 적다. 반면 성공하지 못하는 사람은 이들과 반대다. 한편 성공하는 사람들의 대부분은 심지어 자신들이 그러한 습관을 갖고 있다는 사실조차 인지하지 못한다. 그렇기 때문에 성공을 정의하기란 늘 쉽지 않았다.

그 누구도 자신의 강점과 약점을 인지하지 못하면 성공할 수가 없다. 스스로에 대한 평가를 내리기 위해서는 굉장히 솔직해져야 한다. 하지만 어떻게 자신이 갖고 있는 강점과 약점을 정의할 수 있을까? 이건 쉬운 과제가 아니다. 종종 지나칠 정도로 모호하기 때문이다. 스스로에 대한 평가를 내릴 때 우리 자신이 방해가 되기도 한다. 자존심이 간섭하면서 분석이 정확한지 확신하기 어려워진다. 따라서 자기 자신을 평가하는 것보다도 제3자가 평가하는 게 훨씬 쉽다.

간단하고 누구나 할 수 있는 자기 평가 방법으로는 자신이 살아가는 일상 패턴과 일상 속 습관을 보는 게 있다. 일상 속 습관을 파악함으로써 우리는 각자가 가지고 있는 강점과 약점을 예리하게 간파할 수 있다. 우리가 가지고 있는 나쁜 일상 속 습관이 성공으로 가는 길을 가로막고 있다는 사실을 이해하는 게, 경제적인 성공으로 나아가는 첫 번째이자 가장 커다란 한 걸음이다.

종이 위에 두 개의 칸을 그려라. 그런 뒤 첫 번째 칸에 당신의 나쁜 일상 속 습관을 적어라. 나쁜 일상 속 습관과 반대되는 행동을 두 번째 칸에 적어라. 이게 당신의 새로운 좋은 일상 속 습관이 될 것이다. 다음 장에 나오는 예시를 참조하라.

나쁜 일상 속 습관	좋은 일상 속 습관
TV를 너무 많이 본다.	하루에 TV를 한 시간만 보겠다.
규칙적으로 운동하지 않는다.	매일 30분씩 운동하겠다.
무절제하게 먹는다.	매일 OOO 칼로리 이상 먹지 않겠다.
일과 관련된 독서를 하지 않는다.	매일 30분씩 읽겠다.
일을 미룬다.	매일 할 일 목록에 있는 일을 수행하겠다.
인터넷을 하느라 시간을 너무 많이 보낸다.	여가 목적의 인터넷 사용을 제한 하겠다.
담배를 피운다.	오늘은 담배를 피우지 않겠다.
부재중 전화에 바로 회신하지 않는다.	오늘은 걸려온 모든 전화에 회신을 하겠다.
이름을 잘 기억하지 못한다.	이름을 적고 외우도록 하겠다.
중요한 날짜를 잊는다.	다른 사람들에게 중요한 날짜를 기억하도록 하겠다.

　30일 동안 당신의 새로운 좋은 일상 속 습관을 따라라. 그리고 아침에 한 번, 점심에 한 번, 잠자리에 들기 전에 한 번씩 검토하라. 이렇게 매일 이 습관들을 책임감 있게 따르도록 하라. 좋은 일상 속 습관을 매일 적어도 80%는 완수하는 것을 목표로 잡아라.

좋은 일상 속 습관 주간 일정

체크리스트 (예시)

1. 나는 업계와 관련된 자료를 오늘 30분 동안 읽었다.

2. 나는 오늘 30분 동안 달리기를 했다.

3. 오늘 나는 내 할 일 목록의 80%를 완수했다.

4. 오늘 적어도 한 명의 잠재 고객에게 전화를 걸었다.

5. 오늘 인터넷을 하느라 시간을 허비하지 않았다.

6. 오늘 무언가를 하기 싫었을 때 "지금 당장 해"라고 말했다.

7. 오늘 빈정대는 말을 자제했다.

8. 오늘 부적절한 말을 자제했다.

9. 오늘 너무 말을 많이 하고 있다는 사실을 깨달은 순간 말하는 걸 자제했다.

10. 오늘 2천 칼로리 이상을 먹지 않았다.

11. 오늘 맥주 두 잔만 마셨다.

12. 오늘 사무실에서 오후 6시 이후에 퇴근했다.

13. 오늘 한 명에게 단순히 안부를 묻기 위해 전화를 걸었다.

14. 오늘 누군가에게 전화를 걸어 생일을 축하해 주었다.

요약

성공하는 사람들은 자신들의 좋은 일상 속 습관의 노예와 같다. 이게 바로 부자가 되는 첫 번째이자 가장 중요한 습관이다.

'부자가 되는 습관' 약속 ❷

> 나는 매일, 매월, 매년, 그리고 장기적인 목표를
> 세우겠습니다. 나는 매일같이 내 목표들에 집중
> 할 것입니다.

성공하는 사람들은 목표 지향적이다. 그들은 쉴 새 없이 목표를 만들어낸다. 매일의 목표는 매일의 해야 할 일 목록에 반영된다. 장기적인 목표는 폭넓은 계획으로, 특정 시점에 성취해야 할 것들이다. 성공하는 사람들은 일터에서는 일에 집중하고, 업무 상 목표를 달성하기 위해 가족과 개인사를 사무실 바깥으로 밀어놓는다.

성공하는 사람들은 장기적인 안목으로 생각한다. 그들은 목표 달성을 위해 어디까지 왔는지 살펴보려고 끊임없이 미래를 내다본다. 그리고 과거를 곱씹지 않는다. 과거의 성공과 실패에 대한 백일몽에 빠지지 않는다. 이들은 목표 달성을 위한 궤도에 오르기 위해 계속해서 나아갈 방향을 수정한다.

성공하지 못하는 사람들은 목표 지향적이지 않다. 가을날 낙엽들처럼 이들은 목적도, 나아갈 방향도 없이 방황한다. 또한 일상생활에 대한 생각으로 직장에서 업무를 온전히 수행하지 못한다. 그리고 일과는 전혀 관계없는 것들에 쉽게 정신을 빼앗긴다. 이들은 목표에 집중을 하지 못하기 때문에 성공하기 위해서 수행해야 하는 과제들도 진득하게 해내지 못한다.

일상 속 목표들

하루를 시작하기에 앞서 매일 목표/해야 할 일 목록을 작성하라. 그날 실제로 완수할 수 있는(80%의 확률) 가능성이 있는 것들만 적도록 한다. 이 목록을 우선적으로 처리하며 각 항목을 정확히 몇 시에 해내야 하는지를 정하라. 이날 수행해야 할 우선순위가 낮고 실현 가능성이 높지 않은(나머지 20%) 항목들은 이튿날에 수행해도 된다. 이렇게 해야, 해야 할 일 목록의 유연성을 확보하고 그날 정한 중요한 과제를 달성하지 못하는 사태를 피할 수 있다. 그날 하루 동안 완수한 과제를 체크하고 성취를 자축하도록 하라. 하루를 마무리 할 때 해야 할 일 목록을 평가하라. 이렇게 해야 책임감 있게 수행할 수 있다.

'부자가 되는 습관'의 일상 속 목표들/해야 할 일 리스트(하루 예시)

설 명	시 간
업무 관련 독서	오전 6~6:30
음성사서함과 이메일 확인	오전 8:30
한 명에게 안부 전화	오전 9:00
생일 축하 이메일/전화	오전 9:00
잠재적 고객 명단에 전화 돌리기	오전 9:30
계류 중인 생명 보험 신청 완료	오전 10:00
현재 진행 중인 일들 팔로우 업	오전 11:00
고객 미팅	오후 1~5
부재중 전화에 모두 회신하기	오후 5:00
하루를 마무리하며 잠재적 고객에게 전화	오후 5:30

위의 예시를 봤을 때, 하루 목표 10개 중 8개만 달성하더라도 성공적이라고 할 수 있다.

월간 목표

매월 초에 월간 목표를 세워라. 월말 경에 실제로 달성할 가능성이 있는 목표들이어야 한다. 각 목표를 세부적 과제 혹은 단계로 나누어라. 월간 목표는 그 달에 체결해야 할 보험 상품 개수일 수도 있고, 당신이 확보하길 바라는 새로운 고객 수일 수도 있으며, 그 달의 매출 목표치일 수도 있다. 이 목표에는 완수해야 할 프로젝트 혹은 작성해야 할 글 등이 포함될 수도 있다.

예시 >>> **월간 목표 1번**

이번 달에 생명 보험 계약을 5건 체결할 것이다. 이 목표를 달성하기 위해 다음 4주 동안 매주 10명의 잠재적 고객을 만나야 한다. 이 미팅을 성사시키기 위해 매주 50통, 즉 매일 10통의 전화를 걸 것이다.

올해 목표와 이듬해 목표

올해와 이듬해 목표는 달성할 수 있는 통제권을 어느 정도 벗어난 계획을 말한다. 각 목표를 성취해야 할 과제로 쪼개라.

예시 >>> **올해 목표 1번**

나는 올해 CPA 시험에 합격할 것이다. 이 목표를 달성하기 위해 나는 공부를 할 것이다. 때 주중에는 하루에 한 시간, 주말에는 6시간씩 공부를 할 것이다. 공부할 교재와 모의시험 문제를 다 풀 것이다.

장기적인 목표

장기적인 목표는 광범위하며 원대한 계획을 말한다.

장기적인 목표를 "위시 리스트"라고 생각하라. 각 목표를 달성할 계획을 짜고 여기에 이를 위해 성취해야 할 과제들을 포함시켜라.

예시 >>> 장기적인 목표 1번

나는 5년 내에 집을 살 것이다. 이 목표를 달성하기 위해 다음 5년 동안 매월 1천 달러를 저축할 것이다. 매월 1천 달러를 저축하기 위해 지출을 줄이고, 별도의 은행 계좌에 주급날마다 급여에서 250달러를 예치할 것이다.

'부자가 되는 습관' 목표 시트

올해 목표	이듬해 목표	시간
CPA 시험 도전	책 집필 및 출간	5년 내 ____달러 쌓기
요양사 자격 취득	저축 ____달러 더 늘리기	아내에게 자동차 선물하기
예금 ____달러씩 늘리기	CFP 시험 도전	____까지 파트너 직책 되기
자동차 대출 상환	____kg 밑으로 체중 줄이기	____까지 대출금 상환하기
____까지 ___kg 빼기	마라톤 참가	____까지 해변 별장 구입하기
____로 승진하기	급여 ____만큼 올리기	아이들 대학 자금으로 ____달러 저축하기

장기적인 목표를 가시화하는 데 사용할 수 있는 유용한 도구는 비전 보드(vision board)가 있다. 비전 보드는 장기적인 목표의 실제 사진 혹은 그림이라고 보면 된다. 사고 싶은 집의 사진, 언젠가는 소유하고 싶은 사업에 대한 그림, 언젠가 은퇴해서 지내고 싶은 종류와 장소에 대한 사진 등이다. 코미디언인 짐 캐리(Jim Carey)는 유명해지기 전 2천만 달러 금액의 자기앞수표를 발행해 매일 볼 수 있는 곳에 두었다. 그 수표는 그가 언젠가 달성하고 싶은 장기적인 목표, 즉 영화에 출연해 출연료로 2천만 달러를 받는다는 목표의 비전 보드였다. 영화 주연 역할을 제의받았을 때 짐 캐리가 출연료로 얼마를 요구했을 것 같은가? 바로 2천만 달러였다. 그리고 그는 그 돈을 받아냈다!

요약

성공하는 사람들은 목표를 세우고 이 목표들을 달성하기 위한 계획을 짠다.

'부자가 되는 습관' 약속 ❸

> **나는 매일같이 자기계발을 위한 노력을 기울이겠습니다.**

성공하는 사람들은 매일같이 자기계발을 위한 절차를 수행한다. 그들은 업계 정기 간행물과 그들의 전문 분야 혹은 사업과 관련된 상세한 기술 자료를 읽는다. 그들은 자신의 업계, 전문 분야 혹은 사업에 열성적으로 관심을 표한다. 또한 일어나고 있는 변화의 흐름에 발을 맞춘다. 그들은 일하지 않는 시간의 대부분을 TV를 보거나 인터넷 서핑을 하는 데 허비하지 않는다.

성공하는 사람들은 자기계발을 위해 독서를 한다. 그들은 끊임없이 배운다. 매일 그들은 일정 시간을 투자해 스스로를 계발할 수 있는, 그리고 직장에서 능률을 올릴 수 있는 주제에 대해 공부한다. 유형가치가 없는 사안에 허비하기엔 시간은 너무나도 소중하다. 그들은 자신의 목표를 자기계발과 연결시키며 구체적인 목표를 세운다. 추가로 자격증이나 학위를 따거나, 사업에서 새로운 틈새시장을 발굴하는 것 등이 있다. 또한 자신이 보유하고 있는 기술을 숙련시키거나 사업 혹은 커리어를 개선하기 위해, 머리 회전을 빠르게 유지하기 위해, 사업 전망을 확장시키기 위해 몇몇 건설적인 프로젝트에 지속적으로 참여한다.

반면, 성공하지 못하는 사람은 자신이 속한 업계, 직책, 혹은 사업에 대해 공부하지 않는다. 자신이 속한 업계의 업황을 주기적으로 업데이트하지 않는다. 업계 정기 간행물도 꾸준히 읽지 않는다. 대신 TV를 보거나 '쓸데없는' 독서에 많은 시간을 낭비한다. 이들은 자기계발 노력에 태만한 데 대해 합리화를 한다.

자기계발을 위해 매일 하는 활동은 당신의 정신을 고양하고 지식을 넓혀 보다 나은 커리어로 이끌어줄 것이다. 당신이 속한 업계 내 지식을 확장시키는 것은 자기계발을 위해 반드시 해야 하는 활동이다. 이는 업계 정기 간행물을 꾸준히 읽거나, 더 많은 자격증을 따거나, 기술을 배우거나, 당신 사업에서 새로운 틈새시장을 발굴하는 행위를 통해 성취할 수 있다. 커리어에 특화된 자기계발 활동은 보유한 기술을 개선시키고 기회를 포착하기 위해서 필요하다. 지식 기반이 확장됨에 따라 기회가 나타나기 시작한다는 사실을 깨닫게 될 것이다.

　당신을 방해하는 게 적고, 일정 시간을 투자할 수 있는 시간대를 골라라. 어쩌면 당신이 일상생활을 시작하기 전인 이른 아침시간이 될 수도 있다. 이러한 활동을 위해 최소한 매일 30분은 따로 떼어 둬라. 하루에 30분은 별로 크지 않아 보이지만, 시간이 지날수록 누적돼 엄청난 양의 자기계발 활동이 될 것이다. 하루 중 가장 적절한 시간이 언제가 되었든, 방해받지 않고 자기계발 활동을 할 수 있는 시간을 만들어라.

요약

성공하는 사람들은 매일 자기계발에 시간을 투자한다.

'부자가 되는 습관' 약속 ❹

> **나는 매일 내 건강을 돌보는 데 일정 시간을 투자
> 하겠습니다.**

성공하는 사람들은 매일 제대로 먹고 운동하는 데 꾸준한 노력을 기울인다. 이들은 단순히 자신이 먹는 것뿐만 아니라 얼마나 먹는지도 고려한다. 즉, 자신이 섭취하는 음식을 관리하는 것이다. 성공하는 사람들은 음식이나 음료를 지나치게 먹거나 마시지 않는다. 만약 이들이 과식 혹은 과음을 한다면, 통제 하에 놓인 탐닉이라고 할 수 있다. 빈번히 있는 일이 아니라, 축일 음식이나 파티처럼 드문 일이라는 뜻이다.

성공하는 사람들에게 있어 운동은 양치질과 같은 규칙적인 생활 습관 중 하나다. 이들은 매일 하는 운동이 몸과 마음을 고양시킨다는 사실을 숙지하고 있다. 꾸준한 운동은 면역계를 개선시키며, 이는 병가를 덜 쓰는 결과를 낳는다. 더 나아가 다른 사람들보다 병가를 쓰는 날이 줄어들기 때문에 생산성이 높아지게 된다. 꾸준히 운동하는 사람들은 일반적으로 일과 중에 더욱

에너지가 많다.

성공하는 사람들은 그들에게 최적화된 체중 관리 시스템 혹은 습관을 가지고 있다. 일부는 아주 정교한 시스템을, 일부는 다소 덜 정교한 시스템을 가지고 있다. 하지만 이들 모두 자신의 체중을 "관리"하고 있다. 체중 관리는 매일 먹는 음식의 양을 모니터링하고, 규칙적으로 매일 운동을 한다는 것을 뜻한다.

성공하지 못하는 사람들은 자신의 건강을 꾸준히, 매일 관리하지 않는다. 이들은 늘 가장 최근에 나온, 효과가 바로 나는 다이어트 비법을 찾아다닌다. 성공하지 못하는 사람들은 건강 문제를 내킬 때에 살피며, 적게 먹거나 식이를 바꾸기 위한 동기를 외부에서 찾는다. 시중에 다이어트 관련 서적이 그렇게 많은 것도 다 이 때문이다. 식습관을 거의 통제하지 않기 때문에, 이들은 체중이 늘었다 줄었다를 반복한다. 이러한 행동은 몸에도 무리를 주는데, 궁극적으로 고혈압이나 비만, 심장질환과 같은 질병에 걸릴 수 있다.

성공하지 못하는 사람들은 음식을 섭취하는 것이나 운동이나 같은 방식으로 대한다. 즉, 외부에서 일시적인 동기를 찾는다. 이 동기가 다하고 나면 다시 운동을 안 하는 나쁜 습관으로 돌아가 체중이 늘게 된다. 이들의 삶에서는 이러한 현상이 반복적으로 나타난다.

음식 섭취를 관찰하는 쉬운 방법으로는 매 끼니 혹은 간식을 먹고 칼로리를 계산해 일일 섭취량을 기록하는 게 있다. 체중 관리 프로그램을 시작하면, 우선 매일같이 먹는 특정 음식에 대해 이해를 해야 한다. 체중 관리 프로그램을 시작하고 첫 30일 동안은 평소에 먹는 것을 추적하고 각 음식이 몇 칼로리나 하는지 파악해야 한다. 이 30일 동안 당신은 특정 음식이 고칼로리임을 알게 될 것이다. 이후에는 적어도 이 고칼로리 음식을 정기적으로 섭취하는 것을 피하면 된다.

음식 섭취를 관찰하고 관리하는 것을 다이어트와 혼동해서는 안 된다. 이 둘은 같지 않다. 다이어트는 장기적으로 체중을 관리하는 데에는 효과가 없다. 지나치게 엄격하고 지속가능하지 않으며, 솔직히 말해 인생의 즐거움을 앗아가기 때문이다. 음식 섭취를 관리하는 건 굶거나 특정한 음식을 죽을 때까지 안 먹는 것을 의미하지 않는다. 이따금은 죄책감 없이 맛있는 음식도 먹을 것이다. 그저 당신의 일일 칼로리 섭취 한도를 넘어가게 만들 수 있는 고칼로리 음식을 매일같이 먹지 않는다는 게 핵심이다. 일일 칼로리 섭취 한도는 당신이 체중을 줄이거나 현상 유지를 위해 지켜야 할 한계점이다. 마음이 이끌린다면 원하는 때에 당신이 먹고 싶은 것, 마시고 싶은 것을 섭취할 수 있어야 한다. 다만 당신이 좋아하는 음식 중 일부를 먹음으로써 이따금 그날의 칼로리 한계점을 넘어설 수 있다는 사실을 명심해야 한다. 자주가 아니라 이따금 이라면 괜찮다.

음식 섭취 관찰은 체중 관리의 단 절반에 해당한다. 일주일에 4일, 하루에 적어도 30분은 규칙적으로 에어로빅을 해야 한다. 바깥에서 조깅을 하는 게 가장 효과적인 결과를 거둘 수 있다. 달리기로 태우는 칼로리는 실내 러닝머신, 스텝퍼, 실내 자전거 운동을 하는 것보다 30% 가량 더 많다. 웨이트 들기, 윗몸 일으키기, 팔굽혀펴기 등은 모든 기초적인 에어로빅의 훌륭한 보조운동이다. 그렇지만 에어로빅 운동을 대체할 수는 없다. 이 운동들만으로는 몸매를 잡아주고 교정하는 것 이상으로 체중을 줄이는 효과는 기대할 수 없다. 체중 감소를 위해서는 에어로빅이 가장 믿음직한 운동이며, 당신의 규칙적인 운동의 기초가 되어야 한다.

운동을 하기엔 아침이 가장 적절하다. 하루가 지날수록 일과 중에 불거진 일이나 문제를 관리하느라 따로 시간을 낼 가능성이 희박해지기 때문이다.

당신의 체중을 관찰할 수 있는 가장 좋은 도구는 '부자가 되는 습관' 체중 관리 트래킹 스케줄이다. 추적하는 건 하루에 고작 5분밖에 안 걸린다. 스스로의 체중 관리 패턴을 발견함으로써 자신의 몸을 더 잘 이해하고 체중을 통제할 수 있게 될 것이다. '부자가 되는 습관' 체중 관리 트래킹 스케줄(다음 장 참고)을 두 달 동안 완수하면, 일일 적정 칼로리 섭취량을 파악하고 체중을 줄이거나 현상 유지를 위해 얼마만큼의 칼로리를 섭취해야 하는지 알 수 있을 것이다. 이를테면 당신의 운동량을 고려했을 때, 일일 적정 칼로리 섭취량이 2천 1백 칼로리라고 치자. 매일 2천 1백 칼로리 이하를 섭취한다면 당신은 매일 체중을 감량하는 셈이다.

요약

**성공하는 사람들은 음식 섭취를 관리하고 정기적으로
운동을 한다.**

체중 관리 트래킹 스케줄(월별)

월별	운동 일 수	총 시간	총 거리	평균 칼로리	운동 전 체중	운동 후 체중
1월						
2월						
3월						
4월						
5월						
6월						
7월						
8월						
9월						
10월						
11월						
12월						

체중 관리 트래킹 스케줄(월간)

일자	체중	운동 시간	아침 칼로리	점심 칼로리	저녁 칼로리	일일 칼로리	누적 칼로리	평균 칼로리
1								
2								
3								
4								
5								
6								
7								
8								
9								
10								
11								
12								
13								
14								
15								
16								
17								
18								
19								
20								
21								
22								
23								
24								
25								
26								
27								
28								
29								
30								
31								

'부자가 되는 습관' 약속 ❺

> 나는 매일 평생을 함께 할 관계를 맺는 데 시간을 투자하겠습니다.

성공하는 사람들은 타인과의 관계를 황금처럼 여긴다. 이들은 마치 농부가 작물을 대하듯 관계를 다룬다. 매일같이 보살피고, 이름과 생일을 기억하고, 새로 태어난 아이들을 위한 선물을 준비하며, 자주 소식을 주고받는다. 성공하는 사람들은 심지어 자신과 아무런 관련이 없더라도, 관계를 맺고 있는 사람들과 그들의 동업자들을 도울 방법을 모색한다. 이들은 자기 자신보다는 다른 사람들에게 더 초점을 맞춘다.

성공하는 사람들에게 관계 맺기란 성공으로 이어지는 밑바탕이다. 이러한 관계 맺기 노력의 일환으로 이들은 자신을 보조해줄 수 있는 나름의 체계와 절차를 개발한다. 또한 연락처에 있는 사람들에게 연락할 빌미를 찾는다. 이를테면 생일 축하라든가, 축하 전화 및 카드, 선물 등이 있다. 또한 졸업식, 장례식, 결혼식과 같은 중요한 축하 행사나 인생에 큰 획을 긋는 행사에 참석한다. 이들은 비슷한 생각을 가진 사람들과 관계를 형성한다. 자기 자신만을 돌보는 사람들과 관계를 형성하고 이를 유지하는 데 허투루 시간을 낭비하지 않는다. 유해하거나 파괴적인 관계는 모두 끊어내고, 늘 혼란스러운 상태에 놓여있는 사람과는 일절 교류를 하지 않는다. 사실상 많은 경우 이 혼란은 경제적인 부분의 혼란을 의미한다. 이런 사람들은 나쁜 습관을 갖고 있으며, 주변의 친구나 동료들을 휘말리게 하는 경향이 있다.

성공하는 사람들은 관계망 형성에 아주 관심이 많다. 이들은 부재중 전화에 곧장, 성실하게 회신한다. 그리고 끊임없이 그들의 관계를 발전시킬 수 있는 방법을 모색한다.

성공하지 못하는 사람들은 관계를 대할 때 "최근에 나한테 뭘 해 줬는데?"라는 태도를 취한다. 이상하게도, 일부는 심지어 일부러 다른 사람을 속이는 것을 미덕으로 여기기도 한다. 만약 어떤 사람이 즉각적인 가치를 제공해주지 못한다면, 그 사람이 필요해질 때까지 무시하곤 한다. 생일에도 전화나 이메일, 카드조차 보내지 않는다. 그들의 친구나 동료가 그들 삶에서 중요한 행사를 겪을 때에도 선물을 보내 축하하는 법이 없다. 성공하지 못하는 사람들은 관계망 형성을 잘 못한다. 이들은 다른 사람들과의 관계 개선을 위한 노력을 꾸준히 그리고 규칙적으로 기울이지 않는다. 부재중 전화에 즉각 회신하지도 않고, 어떤 경우에는 아예 무시해버리기도 한다.

성공하지 못하는 사람들은 관계를 관리하는데 있어 "불을 끄는" 사고방식을 가지고 있다. 이들은 살면서 종종 갑작스런 위기상황에 처하는데, 그제야 도움을 찾아 나선다. 그리고 주로 그들이 무관심하게 대해왔던 사람들에게서 도움을 구한다. 관계 문제에 있어서 성공하지 못하는 사람들은 그냥 관계 발전을 위해 시간을 투자하는 걸 대수롭지 않게 여기는 셈이다.

성공하는 사람들은 체계적으로 관계를 관리한다. 일부는 최신 기술과 소프트웨어를 활용한 꽤나 정교한 시스템을 갖추고 있다. 당신이 자신을 위해 어떤 시스템을 구축하든, 연락처에 저장된 각각의 사람들에 대한 다양한 종류의 정보를 추적할 수 있는 방법을 찾아야 한다. 이름, 주소, 전화번호, 이메일뿐만 아니라 직업, 생일, 배우자 이름, 배우자 생일, 자식들 이름, 대학, 모교, 로스쿨, 취미, 관심사 등의 중요한 정보를 기록해야 한다. 여기서 "중요한"이란 당신의 연락처에 기재된 사람에게 중요한 정보를 말한다. 가장 일반적인 연락처 관리 시스템은 아웃룩이다. 컴퓨터가 있는 사람이라면 대부분 아웃룩을 가지고 있다. 일부 휴대전화는 아웃룩과 연동되기도 한다. 언제든 연락처에 기재된 사람의 정보를 가지고 다닐 수 있는 셈이다.

세계에서 가장 훌륭한 연락처 관리 시스템을 갖추고 있더라도 제대로 활용해야만 진가를 발휘한다. 가장 기초적인 시스템은 연락처에 기재된 사람의 생일을 알려주는 기능을 제공한다. 알림을 받고 생일을 축하해 줄 수 있도록 말이다. 특정 인물과 정기적으로 교류하지 않더라도, 이러한 최소한도의 연락은 관계를 살려둔다. 생일 축하 전화는 적어도 1년에 한 번 연락을 취하게 함으로써 관계를 유지시켜준다. 당신의 연락처에 기재된 사람이 어쩌면 당신 생일에 축하를 해줄지도 모른다. 그러면 이 사람과의 연락은 일 년에 두 번으로 늘어나게 된다.

내가 만났던 성공하는 사람들은 모두 내게 동일한 작고 끔찍한 비밀을 하나 털어놨다. 즉, 우리 모두 이름을 기억하는 데 어려움을 겪는다는 사실이다. 이러한 결함을 극복하기 위해, 성공하는 사람들은 가장 먼 관계에 있는 사람의 이름까지도 기억하기 위한 시스템을 만들어냈다.

이름을 기억하는 좋은 방법 중 하나는 연락처를 종류별로 분류하는 것이다. 이를테면 다음과 같은 종류별로 연락처를 묶을 수 있다.

> 테니스 / 골프 / 볼링 / 클럽 / 이웃
> 내 친구인 존 스미스(John Smith)의 친구
> 대학 친구 / 배우자의 대학 친구
> 사업 파트너의 친구 / 직장 동료 및 이들의 가족
> 교회 / 혹은 공동체 연락처 등

연락처에 기재된 한 명 이상의 사람을 우연히 만날 가능성이 있는 행사에 참석하더라도, 당신은 바로 직전에 분류별 그룹의 연락처를 불러내 그들의 이름을 훑어

볼 수 있다. 이름은 우리 개개인에게 중요한 것이다. 그리고 다들 누군가가 자신의 이름을 기억해주면, 그 정도로 소중하게 여기고 있다는 사실을 감사히 여긴다.

요약

성공하는 사람들은 매일 다른 사람들과의 관계를 가꾸고, 기르며, 개선시키려는 노력을 기울인다. 이들은 관계망 형성에 상당한 시간을 할애한다.

'부자가 되는 습관' 약속 ❻

> **나는 매일 절제하며 살겠습니다.**

절제하는 삶은 즉 극단적인 상황이 없는, 균형 잡힌 삶을 산다는 뜻이다. 성공하는 사람들은 과도함, 급격한 감정적 부침, 중독, 집착, 흥청망청 먹고 마시기, 굶기, 낭비, 광적인 행동을 피한다. 이들은 자신의 생각과 감정을 엄격하게 통제한다. 안정적으로 살아가야 함을 알고 있으며, 삶을 통제하려고 한다.

성공하는 사람들은 흥청망청 먹고 마시지도, 벼락치기를 하지도, 방자하게 굴지도, 과한 태도를 취하지도 않는다. 인생은 단거리 달리기가 아닌 마라톤이라는 사실을 알고 있어서다. 이들은 자신의 근무 시간, 식습관, 운동, 알코올 섭취량, TV 시청 시간, 독서 시간, 인터넷 사용 시간, 전화 통화 시간, 이메일, 문자 메시지, 대화, 오락, 성적인 관계 등을 모두 절제한다. 이러한 절제하는 사고방식은 이들의 성격에도 묻어난다. 다시 말해 과도하게 흥분하지도 지나치게 우울해하지도 않는다. 늘 평정심을 유지하며, 갑작스레 화를 내거나 흥분하지도 않는다. 이들의 절제하는 사고방식에 가족과 친구, 동료, 사업 파트너는 편안함을 느끼며, 이는 관계 개선에도 도움이 된다. 그 결과 사람들은 이들과 어울리는 걸 즐긴다. 모든 면에서 이들을 상대할 때엔 어느 정도 편안함을 느끼게 되는 것이다.

성공하는 사람들은 적절하게 먹고, 마시고, 즐기는 삶의 방식을 택한다. 통념, 그리고 통칙과는 반대로 이들의 집과 자동차, 소장품, 휴가 등은 화려하지 않다. 세계에서 가장 부유한 사람 중 하나인 워렌 버핏 (Warren Buffet)은 50여 년 전에 결혼할 때와 같은 집에서 거주하고 있다. 그의 집은 울타리도 담장도 없으며 그렇게 대단치도 않다. 전용기 사업에 손을 대고 있지만, 민간 항공사를 이용한다. 그리고 매일 자차로 출퇴근한다. 워렌 버핏은 이러한 '부자가 되는 습관'을 매일같이 실천하고 있다.

성공하지 못하는 사람들은 극단적인 삶을 산다. 이들은 너무 많이 먹고 마신다. 어떤 사건에 대해서 과도하게 반응한다. 자신의 감정이 극과 극을 오가도록 내버려두며, 이는 다른 사람과의 관계에서 갈등과 고통을 야기한다. 분노, 행복, 사랑, 증오, 질투, 시기심과 같은 감정을 자유롭게 표출하며, 그들의 가장 중요한 관계가 위기에 처했을 때에 이러한 감정들이 개입하도록 내버려둔다. 이들은 음식과 술, 섹스, 약물, 가십, 소장품, 자기 의견, 자기 생각, 그리고 자기 행동에 과도하게 집착한다.

성공하지 못하는 사람들은 자신의 삶을 거의 통제하지 못한다. 감정이 과도하게 오르락내리락하며, 이 탓에 건강과 대인관계 및 경제적인 측면 모두 불편한 상태에 놓이게 된다. 이들은 "남들 못지않게 살겠다."고 생각한다. 이들의 소비 패턴은 계속해서 다른 사람들의 영향을 받는다. 우연히 목돈을 만지게 되면, 이 돈을 다른 사람들을 놀라게 할 만한 큰 집이나 비싼 차를 사는 데 소비한다. 주택저당금이나 대출로 인해 이들의 경제적인 삶은 제한된다. 많은 이들은 그들의 삶을 유지하기 위해 주택을 담보로 삼는다. 실직, 일시적인 장애, 갑작스러운 소득 감소와 같은 예기치 못한 상황이 닥치면 즉각 경제적인 재앙에 빠지게 된다. 성공하지 못하는 사람들은 그달 월급으로 겨우겨우 생활을 꾸려가기 때문이다. 이들은 예금도 경제적인 안전망도 없다. 이들은 우선순위를 잘못 설정한 상태로 산다. 또한 절제하는 삶을 살거나, 필요한 것에 재대로 우선순위를 매기거나, 벌어들이는 한도 내에서 살아갈 능력이 없다.

요약

성공하는 사람들은 모든 것을 절제할 줄 안다.

'부자가 되는 습관' 약속 ❼

나는 매일같이 일일 과제를 성취하겠습니다.
나는 "지금 당장 할 것"이라는 사고방식을 취하
겠습니다.

성공하는 사람들은 미루지 않는다. 이들은 오늘 할
수 있는 일을 내일로 넘기지 않는다. 다시 말해 일을 수
행하는데 집중한다. 기록하기 위해 "해야 할 일" 목록
을 만들고, 매일매일 바람직한 수준의 달성해야 할 일
을 계획한다. 또한 자신의 삶을 스스로 통제하는 사람
이 되어야 함을 숙지하고 있다. 자신의 인생이나 어떤
사건에 뒤흔들리지 않는다. 그 결과 이들은 고객, 환자,
사업 파트너, 가족, 친구들에게 재빠르게 반응한다.

성공하는 사람들은 목표 지향적이다. 이들은 목표
를 설정하고 이것들을 성취한다. 또한 끊임없이, 시기
적절하게 과제와 프로젝트를 완수한다. 그리고 상황을
주도한다. 그러므로 발등에 떨어진 불을 끄는 습관이
없으며, 응급상황이 되어서나 조치를 취하는 짓은 하
지 않는다. 이들은 태만함의 유혹을 무시할 줄 안다.

성공하지 못하는 사람들은 일을 미룬다. 이들은 바로 그 날에 해야 하는 일의 기한을 늦추고, 미루고, 연기한다. 이들의 태만함은 즉각적인 관심을 요하는 사안에 문제를 야기한다. 일을 미루게 되면 중요한 사안을 잊어버릴 위험이 커지고, 중대한 일을 급박하게 처리하게 될 확률이 높아진다. 이렇게 되면 실수나 오류가 발생하거나 법적 책임을 다하지 못할 수 있어 소송으로까지 이어질 수 있다. 일을 미루면 어떤 종류의 서비스가 되었든 질이 부실해질 수밖에 없다. 실패하는 사람들의 삶은 무계획적이고 혼란스러우며 복잡다단하다. 이들은 매번 발등에 떨어진 불을 끄기에 급급하기 때문에 많은 것을 성취하지도 못한다. 이들은 자기네의 즉각적인 관심을 끄는 외부의 힘에 반응한다. 자신의 삶, 혹은 일상 계획을 통제하지 못한다. 스스로 무력하고 방향을 잃었다는 느낌을 받는다.

특정한 날에 해야 하는 일이 있다면 미루거나 연기하지 말아라. 뭔가를 늦추고 싶다는 생각이 떠오른다면, 당장 "지금 당장 할 것"이라고 말해서 그 생각을 쫓아내라. 필요하다면 하루에 수천 번이라도 말해야 한다.

단 1초도 미루고자 하는 생각에 삶을 내어주어서는 안
된다. 일단 행동에 나서면, 그 행동에 완전히 몰입하게
되어 과제를 미루고자 했다는 생각조차 사라져 있을 것
이다. 과제를 수행함에 따라 당신은 아주 신이 날 것이
며, 삶에 대한 통제권을 쥐고 있다는 기분이 들 것이다.

요약 ✍

**성공하는 사람들은 미루지 않으며 "지금 당장 할 것"
이라는 사고방식을 갖고 있다.**

'부자가 되는 습관' 약속 ❽

나는 매일 부자가 되는 생각을 하겠습니다.

성공하는 사람들은 긍정적이고, 열정적이며, 에너지
가 넘치고, 행복한데다, 균형이 잘 잡혀있다. 이들은 스
스로 강력하다고 느끼며, 통제권을 쥐고 있고, 자신감
과 열기가 넘친다. 이는 우연이 아니다. 부자가 되는 생

각을 신봉하고 있기 때문이다. 이들은 스스로에게 비판적이기보다는 희망을 북돋우는 말을 한다. 그리고 늘 내적으로 자긍심을 갖고 있다. 스스로의 행동을 강화하고 긍정적인 사고방식을 만들기 위해, 매일같이 긍정적인 확인을 사용한다. 문제가 발생하더라도 스스로에게 실망하지 않는다. 문제와 장애물이 기회가 될 수 있다는 긍정적인 생각을 삶 깊숙이 받아들이고 있기 때문이다.

성공하는 사람들은 자신의 생각과 감정을 통제한다. 나쁜 생각이 들면 즉각 좋은 생각으로 대체한다. 아주 잠깐이라도 나쁜 생각에 마음을 내주면 이 생각이 뿌리를 내려 궁극적으로 자신의 행동을 나쁘게 바꿀 수 있다는 사실을 알고 있기 때문이다. 이들은 긍정적이고 좋은 생각을 머릿속에 심으며, 이 생각이 뿌리를 내리고 나아가 꽃을 피워 언젠가 열매를 맺도록 한다.

성공하는 사람들은 매일 부자가 되는 생각을 한다. 이들은 자신의 사고방식을 이끌거나 변경하기 위해 긍정적인 확인과 시각화 기술을 사용한다. 당신이 생각하는 것과 달리, 성공하는 사람들의 머릿속으로도 끔

찍한 생각들이 들어오기 마련이다. 다양한 미디어를 통해 쏟아지는 온갖 부정적인 뉴스를 이들이라고 피해 갈 방법이 있겠는가? 매일같이 우리는 나쁜 생각의 폭격을 받는다. 우리가 흡수하는 정보들은 공포, 초조함, 불안감을 야기하며 이러한 부정적인 감정 세례의 희생양이 되기는 쉽다. 성공하는 사람들은 이 사실을 알고 있기 때문에 부정적인 소식을 담고 있는 TV, 라디오 프로그램, 인터넷 사이트 사용을 최소화하려고 노력한다. 오히려 이들은 건설적이고 희망을 북돋아주는 프로그램을 보거나 듣는다. 긍정적인 소식을 담은 신문이나 잡지 기사를 읽고 부정적인 기사들은 피한다. 성공하는 사람들은 매일같이 자신이 보고 듣는 것을 통제한다.

마지막으로 성공하는 사람들은 자신의 삶이 안겨다 준 것들에 대해 고마워할 줄 안다. 대개 자기 전이나 아침에 깨자마자 매일같이 고마움을 표한다. 일부는 심지어 매일같이 감사해야할 것에 대한 목록을 만들어 매일 읽는다.

성공하지 못하는 사람들은 스스로에게 비판적이다.

보통 자기 자신에 대해 가장 가혹한 비판을 하곤 한다. 이들은 부정적이고 파괴적인 생각을 한다. 머릿속에 나쁜 생각이 침투해 뿌리를 내리게 내버려 둠으로써 궁극적으로 안 좋은 행동으로 이어지게 한다. 이들은 동기와 열정이 결여돼 있으며, 종종 정신적으로 며칠 혹은 이따금 몇 주 동안이나 우울해하곤 한다. 이들은 TV나 라디오에서 부정적인 프로그램을 지나치게 많이 본다. 또한 기저에 깔린 감정을 휘젓는 헤드라인이 뽑힌 신문을 구매한다. 부정적인 소식을 실은 인터넷 사이트를 자주 방문하기도 한다. 이들은 절망적이고 무력하다고 느낀다.

사고방식을 바꿀 수 있는 가장 성공적인 기술 중 하나는 긍정적인 확인을 사용하는 것이다. 매일 우리 스스로의 머릿속에 주입해 바람직한 태도를 조성할 수 있는 말들이다. 당신이 바라는 성격상의 특성들이 이미 당신의 모습인 것처럼 말하는 게 비법이다.

긍정적인 확언

"나는 매일 내 '해야 할 일' 목록을 완수한다."

"나는 내 목표를 완수한다."

"나는 운이 좋다."

"나는 성공적이다."

"나는 1년에 30만 달러를 번다."

"나는 롱비치아일랜드(Long Beach Island)에 별장이 있다."

"나는 우리 회사의 고위 중역이다."

"나는 내 소득 혹은 저축으로 내 자식의 대학 등록금을 댄다."

"나는 내 직업을 사랑한다."

"나는 다른 사람들과 일하는 것을 사랑한다."

"나는 자신감이 넘친다."

"나는 인간관계가 폭넓다."

"나는 매주 부모님께 전화를 건다."

"나는 공인회계사이다."

"나는 온건한 삶을 산다."

긍정적인 확인은 당신이 되고 싶은 모습, 성취하고 싶은 것, 보유하고 싶은 자산, 벌고 싶은 소득을 반영해야 한다. 이것들은 구체적이어야 하며, 효과를 내기 위해서는 현재시제를 사용해야 된다. 긍정적인 확인 목록을 만들고 곁에 두도록 하라. 그리고 아침에 한 번, 오후에 한 번, 자기 직전에 한 번씩 확인하라. 매일 이 긍정적인 확인 항목들이 당신 머릿속에 스며들게 하라. 이 항목들은 당신의 가장 긍정적이고 좋은 생각들을 대변하며, 뿌리를 내리게 될 것이다. 긍정적인 생각을 하면 분위기와 여건이 조성되기 시작하고, 갑작스럽게 기회가 보이기 시작할 것이다.

요약

성공하는 사람들은 매일 부자가 되는 생각을 한다.

'부자가 되는 습관' 약속 ❾

> **나는 매월 내 총 소득의 10%를 저축하겠습니다.**

성공하는 사람들은 가장 먼저 자기 자신에게 돈을 쓴다. 어떤 종류가 되었든 공과금을 지불하기에 앞서 이들은 전체 소득의 10%를 예금, 투자, 퇴직 대비 금융 상품에 따로 떼어둔다. 자신의 돈을 현명하게 투자하며, 예금을 정기적으로 검토하고, 현실적인 투자 수익률 목표치를 세운다. 이들은 신용 평가 점수가 높으며, 자신의 순자산 규모를 파악하고 있는데다, 자신만의 대차대조표를 갖고 이를 관찰한다. 수익률을 극대화하는 동시에 세금을 최소화하기 위해 가장 적격인 금융 전문가들만을 기용한다. 모든 성공하는 사람들은 통상 가장 믿음직한 금융 전문가로 여겨지는 공인회계사의 서비스를 이용하고 있다. 이들은 또한 금융이나 자산 계획을 전문적으로 하는 변호사나 세무사 혹은 자산 컨설턴트들을 찾아 나선다. 이러한 전문가들의 도움을 받아 자신의 돈과 세금을 관리하는 것이다.

성공하는 사람들은 은퇴 계획을 세운다. 이들은 고용주가 제공하는 퇴직 상품을 한도 내에서 최대한 활용하려고 한다. 근로자들은 이러한 퇴직 상품들로 매년 소득의 10% 혹은 그 이상을 과세 유예된 방식으로 저축할 수 있다. 만약 그들이 일하는 회사에서 퇴직 상품을 제공하지 않는 경우에는 개별 퇴직 계좌를 만들어 따로 퇴직자 연금을 마련한다. 그리고 매번 월급을 받을 때마다 이 계좌에 돈을 이체한다. 이들은 은퇴 후에도 목표를 세운다. 퇴직자 연금을 정기적으로 점검하며, 이 목표들을 달성하기 위해 항로를 수정하기도 한다.

성공하지 못하는 사람들은 자기 자신에게 가장 나중에 돈을 배분한다. 이들은 매월 월급을 가지고 겨우겨우 생활을 꾸려나간다. 저축은 잘 못하며 막대한 부채를 지고 있다. 이들은 주택담보대출을 지고 있으며 이것 때문에 허덕인다. 신용카드는 늘 한도까지 사용하며, 매월 최소한도의 할부를 겨우 지불하고 있다. 신용등급은 낮은데다 제대로 관리 혹은 모니터링 하지 않는다. 이들은 고용주들이 제공하는 퇴직자 연금을 꾸준히 활용하지 않으며, 개별 퇴직 상품에도 돈을 넣지 않는다. 일부는 과도할 정도로 도박에 빠져 있으며 복권을 퇴직 상품으로 생각하기도 한다. 이들은 불필요한 혹은 충분히 숙고하지 않은 위험을 감수한다. 소득의 10%를 따로 떼어두지도 않으며 그 결과 퇴직할 나이가 되었을 때 경제적으로 안정적인 퇴직 생활을 누리기엔 예금이 부족한 상황에 처한다. 이들은 소득의 10%를 따로 떼어둘 여건이 못 된다고 자기합리화를 한다. 충분히 저축을 하기 위해 삶의 방식을 바꿀 의향이 없다. 많은 경우 성공하지 못하는 사람들은 어쩔 수 없이 은퇴 연령을 넘겨서도 일한다.

요약

성공하는 사람들은 급여를 받으면 가장 먼저 10%를 예금이나 퇴직 상품에 저축한다.

'부자가 되는 습관' 약속 ❿

나는 매일 내 생각과 감정을 통제하겠습니다.

성공하는 사람들은 자신의 생각과 감정을 통제하는 데 통달해 있다. 분노, 질투, 흥분, 슬픔, 혹은 여타 하찮은 감정에 놀아나지 않는다. 온갖 종류의 나쁜 생각과 감정은 몰아낸다. 삶의 단 1초도 이런 부정적인 생각과 감정에 내주지 않는다. 나쁜 생각은 나쁜 결과를 가져올 나쁜 결정으로 이어진다는 사실을 알고 있기 때문이다. 이들은 이 나쁜 생각과 감정을 좋은 생각과 긍정적인 감정으로 대체한다. 난감한 상황에 놓였을 때 "생각하고, 평가하고, 반응하라."라는 기술을 활용한다. 생각을 통해 이들은 상황을 이해할 시간을 번다. 상황 평가를 통해서는 올바른 방향의 행동을 취할 시간을 벌 수 있다. 반응은 맨 마지막에 오는 행동으로, 이를 위해 시간을 들인 만큼 가장 적절한 반응이 될 확률이 높다.

성공하는 사람들은 슬퍼하거나 우울해하기에는 너무 바쁘다. 이들은 생산성이 높은 활동에 참여함으로써 슬

픔과 우울함에 빠질 빈틈을 만들지 않는다. 끊임없이 프로젝트나 자기계발 활동에 참여해 스스로에 대한 긍정적인 기분을 고양시킨다. 성공하는 사람들은 마치 자기 자신의 모든 감정과 생각을 통제하는 것처럼 느낀다.

　성공하지 못하는 사람들은 자신의 하찮은 감정에 쉽게 놀아난다. 감정이 행동을 지배하게 내버려두는 것이다. 쉽게 우울해하고 삶에 대한 통제권을 잃었다는 기분을 느낀다. 또한 생각하기 전에 반응한다. "준비하고, 발포하고, 조준하라."는 나쁜 습관이 몸에 배 있다. 그 결과 전 세계적으로 성공하지 못하는 사람들 중 다수는 감옥에 갇혀 있다.

　나쁜 습관은 나쁜 행동을 야기하며, 이는 나쁜 결정으로 이어지고 궁극적으로는 나쁜 삶을 살게 된다. 나쁜 생각은 머릿속이 한산하고 건설적인 행동에 참여하지 않을 때 생겨난다. 자기계발, 유의미한 프로젝트, 혹은 달성하고 싶은 목표 등 끊임없이 건설적인 활동에 참여해야 한다. 나쁜 생각이 든다면 즉각 자기계발 활동, 건설적인 프로젝트, 혹은 달성하고 싶은 목표에 집중함으로써 이를 떨쳐내야 한다.

요약

**성공하는 사람들은 스스로의 생각과 감정을 통제하는
데 통달해 있다.**

'부자가 되는 습관' 약속 요약

1. 나는 좋은 일상 속 습관을 만들고, 매일같이 이 좋은 일상
   속 습관을 따르겠습니다.

2. 나는 매일, 매월, 매년, 그리고 장기적인 목표를 세우겠습
   니다. 나는 매일같이 내 목표들에 집중할 것입니다.

3. 나는 매일같이 자기계발을 위한 노력을 기울이겠습니다.

4. 나는 매일 내 건강을 돌보는 데 일정 시간을 투자하겠습
   니다.

5. 나는 매일 평생을 함께 할 관계를 맺는 데 시간을 투자하
   겠습니다.

6. 나는 매일 절제하며 살겠습니다.

7. 나는 매일같이 일일 과제를 성취하겠습니다.
   나는 "지금 당장 할 것"이라는 사고방식을 취하겠습니다.

8. 나는 매일 부자가 되는 생각을 하겠습니다.

9. 나는 매월 내 총 소득의 10%를 저축하겠습니다.

10. 나는 매일 내 생각과 감정을 통제하겠습니다.

RICH
HABITS

3
부

·

해 결

01

•

고객

'부자가 되는 습관' 트레이닝 프로그램의 마지막 장을 넘겼을 때, 고객은 고개를 들고 자신을 쳐다보고 있는 그의 회계사인 J.C. 잡스를 바라봤다. 그는 입가에 엷은 미소를 띠고 있었다. "어때요?" 그가 물었다.

"엄청난 양의 정보로군요."

"그렇죠." J.C.는 대답했다. 미소는 눈가로까지 퍼졌고 뺨은 상기됐다. "이걸 집으로 가져가서 오늘 밤에 '부자가 되는 습관'에 대해 생각해보시길 바랍니다. 내일 아침에 일어나자마자 이 자료를 꺼내서 프로그램을 따라하시길 바랍니다. 오후에 한 번, 자기 직전에 한 번

'부자가 되는 습관'을 살펴보시고요. 앞으로 30일 동안 그렇게 하시는 겁니다. 프로그램을 따라하고 '부자가 되는 습관'을 검토하고, 이 습관을 몸에 익히는 거죠, 30일 동안." J.C.는 명함 뒤에 날짜와 시간을 적고 책상 너머로 고객에게 건넸다. "30일 뒤에 뵙겠습니다."

그 고객은 이튿날 아침 일찍 일어났다. 이른 기상에 익숙하지 않은 탓에 눈은 여전히 뿌옜지만, 눈을 뜨고 J.C. 잡스가 그를 위해 만들어 준 '부자가 되는 습관' 트레이닝 프로그램을 끼운 바인더를 펼쳤다. "어디 보자." 그는 혼잣말을 했다. "'부자가 되는 습관' 1번은 한 칸에 내 나쁜 습관을 모조리 쓰는 거로군." 그 고객은 지시대로 했다. 그는 하나씩 자신의 나쁜 습관을 적어 내려갔다.

"나쁜 습관이 이렇게나 많다니." 그는 스스로에게 중얼거렸다. J.C.와 프로그램 자료의 지시대로 그는 나쁜 습관을 이번에는 하나씩 반대로 쓰기 시작했다.

나쁜 습관	좋은 습관
스포츠 도박을 너무 많이 한다.	오늘 스포츠 도박을 하지 않았다.
담배를 피운다.	오늘 담배를 피우지 않았다.
외식을 너무 자주 한다.	일주일에 한 번 외식을 한다.
지각을 너무 자주 한다.	매일 정시에 출근한다.
아침에 늦게 일어난다.	매일 오전 5시에 일어난다.
아내에게 별로 신경을 쓰지 않는다.	매일 아내와 산책을 한다.
정크푸드를 너무 많이 먹는다.	오늘 정크푸드를 먹지 않았다.
욕을 너무 많이 한다.	오늘 욕을 하지 않았다.
바에서 시간을 너무 많이 보낸다.	오늘 바에 가지 않았다.
TV를 너무 많이 본다.	오늘 TV를 30분만 봤다.

이것들은 그가 매일같이 열심히 따라한 새로운 좋은 습관이 되었다. 쉬운 과제는 아니었다. 하지만 그는 절박하게 자신의 삶을 바꾸고 싶었기 때문에, 이것들을 따랐다.

그 고객은 자신의 삶에 일어나기 시작한 미묘한 변화를 즉각적으로 감지했다. 도박이 그의 잔고를 바닥내고 있을 뿐만 아니라, 그의 아내와 사업에 쏟을 시간까지도 빼앗고 있다는 사실을 배운 것이다. 일단 도박하는 습관을 제거하고 나자, 더 이상 주중에 지역 내 스포츠 바에서 그가 베팅한 팀의 경주를 보면서 보내는 밤 시간이 없어지게 되었다.

이는 또한 아침에 일찍 일어나는데 고생스러워하지 않아도 된다는 것을 의미했다. 심지어 아침에 '부자가 되는 습관'을 살펴보는 일중행사를 치르고도, 전에 없이 일찍 출근하는 게 가능해졌다. 사무실에서 여유로운 아침을 맞게 되면서 더 많은 일들을 완수할 수 있게 되었고, 스트레스를 덜 받는 동시에 합리적인 시간에 일과를 마무리할 수 있게 되었다. 그리고 집에서 아내와 보낼 수 있는 양질의 시간도 확보되었다.

아내와의 관계는 개선되기 시작했다. 아내는 남편이 곁에 있으면서 함께 시간을 보내는 걸 좋아하게 되었다. 그의 사업도 천천히 나아졌다. 도박을 하는 데 필요한 돈을 대기 위해 회사 자금을 빼내지 않아도 되었다. 그의 회사 지출도 전보다 더 관리하기에 수월해 보였다.

그의 다음 과제인 '부자가 되는 습관' 2는 일일, 올해, 이듬해, 그리고 장기적인 목표를 세우는 것이었다. 이전에 목표를 세워본 적이 없었기 때문에 이번 과제는 전혀 새로웠다. 처음에는 일일 목표를 달성하는 게 쉽지 않았다. 하지만 '부자가 되는 습관' 7에 있는 "지금 당장 할 것"이라는 사고방식을 받아들였고, 며칠이 지난 뒤에는 여기에 매달리게 되었다.

심지어 일과 중에 일일 목표 목록에 달성 표시를 하는 걸 목 빼고 기다리게 되었다. 처음에는 실현 불가능하게 보였던 연간 목표도 이제는 달성 가능할 것 같았다. 그의 자신감은 매일같이 커졌다. 생산성이 높다고 느꼈으며 자신감에 넘쳤다. 궁극적으로 그가 세운 목표 대부분을 성취할 것이며 성취할 수 있다는 새로운 생각으로 가득 찼다. 자신의 일에 열정을 갖게 되었고, 덕분에 더욱 열심히 일하고자 하는 욕구가 자리 잡게 되었다. 그의 회사에 새로운 기회들이 찾아오면서 매출도 덩달아 늘어났다.

'부자가 되는 습관' 4에 따라 그 고객은 자신의 건강을 돌보는데 매일 일정 시간을 투자해야 했다. 그는 운동을 드문드문 했기 때문에 결코 체중을 줄이는 데 성공한 적이 없었다. 그는 스스로 11kg 정도 과체중이라고 생각하고 있었다. 그의 과체중보다도 나쁜 식습관이 더 문제였다.

예전에는 집에 오래 붙어있는 대신 지역 스포츠 바에 갔기 때문에, 집에서 만든 음식을 먹는 경우가 드물었다. 그의 식사는 주로 버팔로윙이나 햄버거, 감자튀김과 맥주였다. 이를 고치기 위해 매일 밤 아내와 식사 후 한 시간씩 걸었다. 그 둘은 모두 체중이 줄기 시작했다. 체중 감소에 대한 동기 부여가 더 강해지자, 자신들이 무얼 먹는지를 관찰하게 됐다. 더 나아가 함께 걷는 시간 동안 그들의 관계도 더욱 튼튼해졌다.

그는 '부자가 되는 습관'을 하나씩 그의 삶에 녹여냈다. 그리고 날마다 그의 삶은 더 나아졌다. 그의 삶의 조각들이 제자리를 찾아간 것이다. 그 고객은 자신이 제대로 된 방향으로 나아가고 있음을, 그리고 모든 게 전과는 다르다는 걸 알게 되었다.

약속된 다음 면담이 점점 다가올수록 그 고객은 흥분을 감추기 어려웠다. 그는 J.C.가 조언한 그대로 행동했다. '부자가 되는 습관'을 따라 30일을 산 것이다. 이 날 그는 스스로가 달라졌다고, 거의 새로 태어난 것 같다고 느꼈다. 그리고 마음속 깊숙이 자신이 인간적인 측면에서, 그리고 경제적인 측면에서 성공으로 나아가고 있다는 사실을 알게 되었다.

그 고객은 J.C.에게 그가 한 일 모두와 이 30일 동안 그에게 벌어진 "기적 같은" 변화에 대해 털어놓았다. J.C.는 흥분했다. 그가 만든 '부자가 되는 습관'이 그 자신 외의 다른 사람에게 실제로 효과를 낸 것이다! 그는 자신의 '부자가 되는 습관' 사고방식이 이제 자신의 고객에게 완전히 스며든 걸 볼 수 있었다. 변화는 완료되었다. J.C.는 무척 기뻤다.

"정말로 고맙습니다." 그의 고객은 면담이 끝날 무렵이 되자 그에게 감사의 표현을 아끼지 않았다.

"부탁을 한 가지 들어주셨으면 좋겠군요." J.C.가 책상에 놓인 드니스의 사진을 흘깃 바라보며 말했다. 그녀가 죽기 한 해 전, 머틀 비치(Myrtle Beach)에 함께 휴가를 떠났을 때 찍은 사진이었다. 그녀는 일광욕을 하며 얼굴 한가득 미소를 띠고 있었다. "당신이 지금 막

빠져나온 것과 같은 경제적인 어려움을 겪는 사람을 우연히 만나게 된다면, 그 사람들을 제게 보내 도움을 받게 해 주셨으면 좋겠습니다. 그 사람들에게 당신에게 해 드린 것과 동일한 걸 제공하고 싶군요."

"얼마나 비슷한 상태를 말하는 거죠? 저 거리에는 고생하는 사람들이 아주 많다고요." 고객이 물었다.

"95%요." J.C.는 덧붙였다. 그는 잠시 말을 멈추고 그의 고객이 던진 질문을 곱씹었다. "상대방의 이야기가 당신 내면의 무언가를 휘젓게 되면 알게 될 겁니다. 상대방의 이야기가 당신이 힘들었던 시절을 강하게 떠올리게 할 때 말이죠. 어려움에 처한 사람을 보았을 때, 예전 당신 삶을 비춘 거울을 보는 것 같은 기분이 들게 되는 사람이 있을 겁니다. 그 사람을 만나게 된다면, 제게 보내주시길 바랍니다. 그래주시겠어요?"

그 고객은 동의하고 J.C.의 손을 힘껏 맞잡고 악수했다.

고객이 자신의 사무실을 나서는 동안 J.C.는 책상에 놓인 드니스의 사진을 보며 말을 걸었다.

"내가 살아있는 한, 다른 사람들이 경제적으로 성공할 수 있게 도와줄 거야, 드니스. 그 사람들이 내가 매일같이 짊어지고 있는 것과 같은 짐을 지지 않도록. 사랑해, 드니스, 그리고 미안해."

J.C.의 두 눈에서 흐른 눈물이 뺨을 타고 흘렀다. 한 방울은 후회를, 그리고 다른 한 방울은 희망을 담고 있었다.

02

비서

디는 방의 왼편에 앉아 주변에 앉은 다른 사람들을 주의 깊게 바라봤다. 방에 있는 사람들 앞에는 카드보드지로 된 작은 명패가 놓여있었다. 바로 옆에는 머리숱이 줄어들고 있는, 다소 통통한 남자 피닉스가 앉아 있었다. 방의 오른쪽 구석에는 잘 차려입은 40대 중반의 남성 허브가 앉아있었다. 여기에 어울리지 않는 사람처럼 보였지만, 디는 실패라는 게 어쩌면 어떤 모습으로든 찾아올 수 있다고 생각했다. 다른 사람들도 트레이닝 룸에 들어서면서 명패를 보고 자기 자리를 찾아갔다. 다른 참석자들도 마찬가지로 주변을 두리번

거렸다. 모두들 불안하고 소심해보였다. 디는 마지막 생각을 정정했다. 이들은 불안하거나 소심한 게 아니라 좌절한 거라고 말이다. "이 방에는 자존심이라는 게 없구나."라고 혼잣말을 했다. "우린 모두 같은 배를 탔어." 그녀의 머릿속에서 목소리가 울렸다. "증기선 타이타닉호인 셈이야." 그 생각을 하고 그녀는 속으로 웃음을 터뜨렸다.

트레이닝 프로그램은 3시간 동안 진행됐다. 예전에 경제적인 곤경에 처했다가 '부자가 되는 습관'의 신봉자가 된 강사는 열정적으로 '부자가 되는 습관'을 하나하나 자세히 설명했다. 그의 열정에 방에 있던 사람들 모두가 영향을 받았다. 실패로 인해 강해진 사람들은 웃음을 터뜨렸고, 서로 하이파이브를 했으며, 자신이 처해 있는 고유의 환경에 대해 낱낱이 공유했다. J.C.는 트레이닝 세션의 중간쯤 왔을 때 말을 멈추고 모두에게 격려 연설을 했다. 마치 그게 필요하다는 듯이 말이다. 그날 하루는 그야말로 실패한 사람들을 희망에 가득 차게 만들어주는 날이었다. 디는 그녀와 꼭 같은 다른 수백 명과 마찬가지로, 방을 나설 때 손에 바인더를 들고 서로 응원을 하고 등을 다독여주었다. 그 순간만큼은 누구도 실패자 같은 기분이 들지 않았다.

디는 J.C. 잡스의 가장 열정적인 학생 중 한 명이 되었다. 디는 '부자가 되는 습관' 1에 따라 자신의 나쁜 습관 목록을 작성했다. 마치 사냥감을 덮치는 한 마리 호랑이처럼 그녀는 그 습관들을 하나씩 공격해나갔다. 디는 자신이 앞으로 나아가지 못하게 붙들고 있는 총 10개의 나쁜 일상 속 습관을 찾아냈다. 트레이닝 자료 지시에 따라 디는 이 나쁜 습관을 하나씩 반대로 작성하기 시작했고, 새로운 좋은 일상 속 습관으로 만들었다.

'부자가 되는 습관' 4에 따라 디는 매일 건강을 챙기기 시작했다. 그녀는 운동을 해 본 적도, 자신이 먹는 것을 관찰해 본 적도 없었다. 그 결과 디는 건강하지 못했고 비만에 근접한 상태였다. 그녀는 일일 칼로리 섭취량을 1,800칼로리로 제한하고 매일 최소 30분씩 에어로빅을 하기로 결정했다. 디는 먹는 걸 좋아했고, 초기에는 먹는 걸 제한하는 게 스스로를 굶기는 것처럼 느껴졌다. 하지만 배고픔에 따른 고통은 이윽고 가시기 시작했다. 디는 조깅을 하기엔 체중이 너무 나갔던 탓에, 걷는 게 최선의 선택지였다. 30일이 다 끝나갈 무렵에 디는 매일 45분씩 걷거나 천천히 조깅을 하고 있었다. 그녀는 첫 30일 동안 놀랍게도 11kg이나 체중을 줄였다. "고등학교를 졸업한 이후 이렇게 적게 나간 건 처음이야." 그녀는 스스로 자랑스러워하며 말했다.

'부자가 되는 습관' 5에 따라 디는 인간관계를 전면적으로 검토하고 파괴적인 관계는 제거했다. 최근 실직한 원인은 그녀의 가족이 자주 그녀에게 부여한 "심각한" 위기상황 때문임을 디는 알고 있었다. 지난 번 직장에서 실패한 궁극적인 원인도 이러한 집중을 흐트러뜨리는 것들이었다. 10대에 디는 부모가 그녀를 저버린 탓에 내켜하지 않는 고모 집에서 얹혀살게 되었다. 그녀의 고모와 친척들은 디를 짐처럼 여겼고, 굳이 이걸 숨기려 들지도 않았다. 그 결과 디는 이들로부터 조력을 받는 것에 대해 어마어마한 죄책감을 느끼게 되었다. 이 죄책감은 청소년기까지 이어졌고 고모와 친척들은 이걸 이용해 자신들이 경제적으로 위기에 처했을 때, 디가 자신들을 구하도록 만들었다. 이 관계는 디에게 있어 일방통행과 다를 게 없었다. 이들은 디에게서 가져가고, 가져가고, 또 가져가기만 했다. 결코 돌려주는 법이 없었다. 디는 자립하게 되었을 때, 다시는 그들에게 이용당하지 않겠다고 굳게 마음을 먹었다.

'부자가 되는 습관'을 한 번에 하나씩 수행하면서 그녀는 새로운 사람으로 변모해갔다. 어느 날 자신감에 찬 디는 그녀의 예전 상사인 존 앤드류스에게 연락을 했다. 그녀는 자신의 일자리와 친절한 상사를 되찾고 싶었다. 어떻게든 디는 그와 점심 약속을 잡았다. 점심을 먹으면서 디는 존에게 그녀가 따르고 있는 '부자가 되는 습관' 트레이닝 프로그램에 대해 말했다. 존은 감명을 받았다. 척 보기에도 살이 빠진 디를 보면서 트레이닝의 효과를 짐작할 수 있었다. 디는 존에게 자신을 조종하려 드는 사촌들에게서 벗어났으며 다시는 그 누구도, 그 어떤 것도 같은 방식으로 그녀를 훼방 놓지 못하게 할 것이라고 말했다. 그리고 존이 자주 표명했던 그녀에 대한 높은 기대감을 충족시킬 자신이 있다고 말했다. 존은 "한 번 더 기회를 주겠다."며 디를 다시 데려오는데 동의했다.

니나는 디가 회사로 돌아오는 데 대해 처음엔 반대했으나, 그 둘은 머잖아 빠르게 친구가 되었다. 사업의 대부분을 도맡아 처리하는 니나는 점점 더 많은 책임을 디에게 위임하기 시작했다.

몇 년 뒤, 니나는 선블레이드의 CEO가 되었고 디는 니나가 맡던 책임을 수행하게 되었다. J.C. 잡스의 열정적인 지원으로, 디는 '부자가 되는 습관' 트레이닝 세션을 모든 선블레이드 직원들이 받게 했다. '부자가 되는 습관' "열풍"은 회사 전체를 사로잡았다. 존은 결국 그가 가지고 있던 선블레이드 지분을 니나와 디, 일부 주요 직원들에게 매각했다. 이들은 존이 회사에서 손을 뗐을 때보다 더욱 큰 회사를 만들기 위해 애쓰고 있었다. 이들 덕분에 모두들 경제적으로 부유해질 수 있었다.

어쩌면 디가 '부자가 되는 습관'을 통해 얻은 변화 중 가장 중요한 것은 체중과 건강을 통제할 수 있게 된 것일지도 모른다. 44세의 나이에 디는 거울에 비친 탄탄하고 건강한 자신의 모습을 행복하게 볼 수 있게 되었다.

‘부자가 되는 습관’ 덕분에 찾은 인생의 두 번째 기회를 기념하기 위해, 디는 매년 필라델피아에서 하프마라톤에 참가하고 있다. 올해 디는 20번 째 하프마라톤에 참가할 예정이다.

03

·

자동차 딜러

　허브는 그가 참석했던 '부자가 되는 습관' 트레이닝 반에서 가장 효과를 본 학생이었다고 할 수 있다. 그는 결점이 많지 않았다. 하지만 그 몇 안 되는 결점이 그의 경제적인 삶을 완전히 망쳐놓고 있었다. 그가 매일같이 어기고 있던 '부자가 되는 습관'은 바로 5번, 즉 매일같이 평생토록 유지할 인간관계를 가꾸겠다는 다짐이었다. 허브는 늘 고객과의 관계를 일시적인 것으로 보았다. 세일즈 커리어를 쌓는 동안 단 한 번도 고객과 관계를 돈독히 다지고자 한 적이 없었다. 그의 밀어붙이기식 판매 기술에서 볼 수 있듯, 고객을 대하는 그의 태도는 종업원으로서는 효과적이었을지언정 회사에는 암적 존재가 되었다. 그의 태도는 서비스 사업부, 파이낸스와 보험 사업부로 퍼져나간데 이어 영업부로 확대되었다. 이로 인해 예전 고객들은 발을 다시는 들이지 않게 되었다. 그 결과 그의 딜러샵은 매일같이 새로운 고객을 뒤쫓는데 집중을 하게 됐다. 이전 고객은 그저 새 차를 구입하러 돌아오는 법이 결코 없었다. 상황을 더욱 악화시킨 것은 이전 고객들이 서비스 부서를 자주 찾지도 않았다는 사실이다. 서비스 부서는 모든 딜러샵의 주된 수입원이다. 허브는 자신의 딜러샵 문화를 보다 고객 친화적으로 바꾸는데 헌신했다.

허브가 가장 먼저 한 일은 딜러샵 앞에 "새로운 경영방침 도입"이라는 입간판을 내놓는 것이었다. 그는 대내적(직원)으로나 대외적(고객)으로나 딜러샵의 모든 게 바뀌었다는 인상을 주고 싶었다. 그 다음으로 그는 자신이 고객을 대하는 방식을 놓고 여러 번 다툰 적이 있는 예전 상사에게 연락을 취했다. 그리고는 자신이 경험하고 있는 '부자가 되는 습관' 트레이닝에 대해 말했다. 그의 옛 상사는 허브를 돕는데 관심을 보였고, 일주일에 두 번씩 만나서 성공적인 고객 관계 관리 기법을 가르쳐주기로 했다. 또한 그 상사는 허브에게 귀중한 은행업계 관계자도 소개시켜줘서, 그가 기존 부채를 리파이낸스하고 매입 자금 융자 계약을 연장할 수 있도록 해줬다. 덕분에 허브는 직원을 유지하는 동시에 자신의 딜러샵 내 새로운 문화가 자리잡을 때까지 시간을 벌 수 있었다.

그러는 와중 허브의 사업은 개선되었다. 그는 자신의 고객을 황금처럼 대해야 함을 배웠다. 은행에 빚을 상환할 수도 있었고, 궁극적으로는 자체적으로 마련한 자금을 통해 재고를 조달할 수 있게 되었다. 덕분에 더이상 매입 자금 융자 파이낸싱 계약을 맺을 필요도 없었다. 그 후로 몇 년 뒤 그는 두 번째 딜러샵을 사들였고, 이후 시간이 흐를수록 세 번째, 네 번째, 그 이상의 딜러샵을 매입했다.

오늘날 허브는 뉴잉글랜드(New England) 지역에서 가장 큰 자동차 딜러일 뿐만 아니라, J.C. 잡스의 '부자가 되는 습관' 재단(Rich Habits Foundation)에서 가장 유능한 강사 중 한 명으로 활약하고 있다. 이 재단은 J.C.가

'부자가 되는 습관' 트레이닝 프로그램에 참가비를 낼 수 없는 사람들을 위해, 무료로 강의를 제공할 목적으로 세워진 비영리 기관이다. 허브는 약 1만 명가량의 사람들에게 '부자가 되는 습관'을 훈련시켰다는 사실을 가장 뿌듯한 업적 중 하나로 꼽는다.

04

보험 영업사원

　'부자가 되는 습관' 트레이닝을 받은 이튿날부터 피닉스는 바빠졌다. 그는 '부자가 되는 습관' 항목 하나하나를 꼼꼼히 살폈다. 그가 가장 애먹은 항목은 '부자가 되는 습관' 3번, 즉 매일같이 자기계발을 위한 노력을 기울이겠다는 것이었다. 오랜 시간동안 피닉스는 자신의 직업을 싫어했으며, 그게 뭐가 되었든 천직을 놓쳤다고 생각해왔다. 그랬던 탓에 그는 단 한 번도 진정으로 일에 열정을 가져본 적이 없었다. 자신의 직업과 연관된 책을 읽은 적이 한 번도 없다는 게 그 방증이다. 매월 받아보던 보험 업계 흐름을 실은 정기 간행물도 거의 읽지 않았다. 그는 이런 습관을 바꿔야 함을 깨달았다. '부자가 되는 습관' 목록이 그의 전문직 삶에 있어 두드러진 결함을 볼 수 있도록 만들어 준 것이다.

　피닉스는 바로 그날 아침부터 매일 30분씩 시간을 들여 업계 자료를 읽었다. 처음 며칠 동안은 상당히 고생했다. 마치 이를 뽑는 것 같은 고통이었다. 하지만 하루가 지날수록 하기 싫던 일이 다소 수월해졌다. 일주일이 지난 시점에서 그는 이 새로운 습관에 할애하는 시간을 30분에서 45분으로 늘렸다. 또한 읽을거리 목록에 상품 목록들도 추가했다. 그리고 독서를 통해 습득한 새로운 사실이나 영업 전략을 공책에 적기 시작했다. 그의 공책은 점점 빼곡해져갔다. 그는 영업 전략을 일부 구사해봤고, 몇 번인가는 성공을 거두기도 했다. 그의 잠재적인 고객들은 진성 고객으로 바뀌어갔다. 약속은 두 배 가까이 늘었다. 그가 기존에 잠재 고객을 진성 고객으로 바꾼 성취율을 고려하면 이행하기 어렵지는 않았다. 그럼에도 그는 자신의 성과를 뿌듯하게 여겼다. 점점 더 많이 읽을수록, 약속을 잡는 데 성공할 확률이 높아졌다. 그가 구사하는 새로운 전략들은 계약 성사율을 높이는데 일조했다.

'부자가 되는 습관' 4는 매일같이 건강을 보살피는데 시간을 일부 투자한다는 것이다. 피닉스는 아침 독서를 마친 이후 운동화를 신고 바깥에서 조깅을 시작했다. 피닉스는 자신이 18kg 정도 과체중이라고 생각하고 있었다. 대부분의 살은 배에 몰려있었고 얼굴에도 살집이 올라있었다. 처음에는 1.6km 정도밖에 못 달렸으나 2주도 채 안 지나서 큰 무리 없이 3.2km를 달릴 수 있게 되었다. 3.2km는 나중에 4.8km로 늘었고 그의 체중은 감소하기 시작했다. 체중 감소 덕분에 그는 먹는 것을 절제하게 되었고 금연에도 성공했다. 몸무게가 줄어드는 게 보이자 그는 매일같이 전보다 더 열심히 운동하고 적게 먹을 동기부여가 됐다. 그가 4kg을 빼는 건 순식간이었다. 그의 아내와 아들도 체중이 줄어든 걸 알아챘고, 이게 피닉스의 자부심을 높였다.

밤이면 피닉스는 전화번호부를 뒤져 콜드콜(cold call. 미지의 잠재적 고객에게 투자상품가입 권유를 위해 거는 전화)을 걸었다. 예전에는 이걸 무척 싫어했다. 하지만 이제는 이걸 그의 일일 목표/해야 할 일 목록에 넣었다. 여전히 콜드콜을 거는 것을 싫어하지만, 그럼에도 매일 밤 이러한 전화를 거는 데 꾸준히 시간을 할애하고 있다. 몇몇 콜드콜은 실제 면담으로 이어지기도 했다. 한 건은 커다란 생명보험 판매 기회로 이어지기도 했다. 사실, 그 계약은 피닉스의 커리어에 있어 손에 꼽을 정도로 큰 건이기도 했다. 여기에 자극을 받아 그는 매일 밤 더 많은 콜드콜을 걸고 있다. 이 습관이 자리를 잡으면서 지역 술집에 꾸준히 돈을 붓는 것도 멈추게 됐다. 이 두 가지 일을 한 번에 할 수 없었고, 무엇보다도 그 모든 맥주들이 체중 감소에 방해가 된다는 판단을 내린 것이다. 저녁에 콜드콜을 전부 걸고 나면 그는 집에서 맥주 한 잔을 하는 것으로 스스로에게 보상을 줬다. 이는 곧 의례가 되었고, 피닉스는 바에서 마시던 그 어떤 맥주보다도 집에서 마시는 한 잔을 더욱 즐기게 되었다.

월말이 다가올 무렵인 어느 날 상사는 피닉스를 자기 방으로 불렀다. "요새 어떻게 지내나?" 그의 상사는 옅은 미소를 반쯤 띠고 그에게 물었다. 피닉스는 상사에게 불려가는 걸 결코 좋아하지 않았다. 그에게 있어 단

한 번도 좋았던 적이 없었기 때문이다. 그는 초조해하면서 대답했다. "글쎄요, 많이, 제 생각에는 말이죠, 이번 달에는 다른 방식으로 행동하고 있는 것 같아요."

"그게 내가 자네를 불러들인 이유일세." 그의 상사는 말했다. "방금 이번 달 예비 영업보고서를 받았네. 자네의 계약 체결수가 올라가고 있더군. 한 건 큰 계약도 성사한 모양인데, 내가 관심 있는 건 그게 아니라 다른 작은 계약들일세."

"무슨 말씀이시죠?" 피닉스는 이제 그의 상사와 함께 보고서를 살펴보고 있었다.

"여기 보면 12개 정도 작은 계약들을 체결했지. 따로 떼어놓고 보면 별 의미가 없지만, 합치면 꽤 좋단 말이야. 뭘 달리 하고 있는 거지?"

피닉스는 처음에 그가 매일같이 따르고 있는 '부자가 되는 습관' 프로그램에 대해 상사에게 말하기를 꺼려했다. 매우 개인적인 일이었기 때문이다. 하지만 그의 상사는 진심으로 관심이 있는 듯했고, 피닉스는 태도를 바꾸었다. 지금 수행하고 있는 실험에 대한 개요를 상사에게 말했다. 그의 상사는 감명을 받았다.

"대단한데, 피닉스. 자네가 뭔가에 나서고 있다는 생각이 드는군." 그의 상사는 책상 서랍을 열더니 봉투 하나를 건넸다.

"이게 뭐죠?" 피닉스는 자신의 이름이 쓰인 봉투를 바라보며 물었다. 봉투는 마치 급여봉투처럼 보였다.

"열어보게." 그의 상사가 입가에 미소를 띠고 재촉했다.

피닉스는 봉투를 열어보고는 그의 명의로 된 1천 달러 수표를 보고 깜짝 놀랐다.

"왜 이걸 주시는 거죠?" 그는 못미덥다는 투로 물었다. 변변찮은 급여 외에 상사에게서 수표를 받은 적이 단 한 번도 없었기 때문이다.

"자네는 이번 달 보험 계약 성사 순위에서 3위를 기록했어. 그에 상응하는 보너스야."

피닉스는 충격 받은 표정을 지었다. 상사는 그의 손을 잡고 자신의 몸 쪽으로 잡아당기더니 격렬하게 악수했다.

그날 밤 피닉스는 아내에게 수표를 보여줬다. "이걸 액자에 끼워 둘까봐. 전엔 이런 걸 받은 적이 한 번도 없었거든." 그는 아내에게 말했다.

아내는 그를 끌어안더니 "축하해야지. 오늘 외식하자."라고 말했다.

피닉스는 한동안 생각을 하더니 대답했다. "아니, 안 될 것 같아. 오늘은 밤에 전화를 걸어야 하거든. 대신 금요일에 축하하자. 어때?"

"그럼. 좋아. 금요일에 축하하자."

그 뒤로 피닉스는 꾸준히 월간 보너스를 탔다. 시간이 흐를수록 피닉스는 3위에서 2위로, 그리고 1위로 올라섰고 그에 따라 보너스 액수도 커졌다. 그는 1위를 차지하는 게 너무나도 좋았고, 2년 연속 1위 자리를 지키기 위해 열심히 일했다. 활발히 보험 계약을 체결한 수개월이 지나자 그의 상사는 피닉스에게 사무실의 다른 직원 몇몇에게도 '부자가 되는 습관'을 훈련시킬 수 있겠느냐고 물었다. 피닉스는 J.C. 잡스에게 연락했고, 그는 열성적으로 그 생각에 찬성했다. 훈련을 하기로 한 건 현명한 결정이었다. 영업 사원이 하나씩 보험 체결 건수를 늘림에 따라, 얼마 지나지 않아 그 보험사의 수익은 늘어나기 시작했다.

　피닉스는 아들을 대학에 이어 대학원에 진학시킬 수 있었다. 그는 자신의 체중과 씀씀이, 저축을 통제할 수 있게 됐다. 피닉스는 회사에서 승진 사다리를 타고 올라갔다. 점점 더 많은 책임을 짊어지게 됐고, 새로운 영업사원들에게 '부자가 되는 습관'을 훈련시키는 역할을 맡게 됐다.

마무리 글

J.C. 잡스에게 바치는 감사

예배당 좌석은 꽉 찼지만 사람들은 계속해 교회로 들어왔다. 일부는 세 겹으로 늘어서 있기도 했다. 교회 예배당 안에 더 이상 자리가 없어지자, 사람들은 입구 계단에까지 섰다. 추모자들 무리가 교회 앞, 그리고 교회를 가로지르는 인도를 메우고 있었다. 그 한 구역이 통째로 인파로 가득했다. 교회 종은 크게 울렸지만 추모자들이 웅얼거리는 소리와 홀쩍이는 소리를 덮지는 못했다. 교회 바깥에 있는 사람들도 안에서 진행되는 식에 참석할 수 있도록 복사(사제의 미사 집전을 돕는 소년)가 바깥으로 전선과 스피커를 들고 종종걸음으로 나갔다.

"그가 내 삶을 구원했어요." 소란스러운 와중 한 구경꾼이 다른 사람에게 그렇게 말하는 게 들렸다.

"저도 마찬가지예요." 또 다른 사람이 맞장구를 쳤다.

머잖아 "저도요."라는 메아리가 교회 바깥에서 울려 퍼졌다.

한 나이든 남성이 복사 앞쪽에 있던 예배당 좌석에서 일어나 천천히 연단에 가서 섰다. 안경을 고쳐 쓰고는 쪽지를 꺼내들고 심호흡을 한 뒤 군중 혹은 추모자들을 바라본 다음 쪽지로 시선을 떨궜다.

"350만 명, 그리고 매일같이 더 많은 수가 늘고 있습니다. 이 숫자는 바로 J.C. 잡스 그리고 그의 '부자가 되는 습관' 추종자들로 인해 삶이 바뀐 사람들의 총계입니다. 이 사람들 대부분 자신의 삶을 극적으로 개선시켰습니다. J.C.를 만나기 이전에 이들의 삶은 절박하고, 경제적으로 궁핍하고, 건강하지 못하며, 감정적으로 망가진 상태였습니다. J.C.는 이들에게 성공으로 향하는 길을 보여줬습니다. 그들의 삶, 그리고 그들 가족의 삶은 영원히 바뀌었습니다. 근래에 있어 한 개인이 이렇게 많은 사람들의 삶을 이렇게나 극적으로 바꾼 사례는 없었습니다. 전 제가 무슨 말을 하고 있는지 알고 있습니다. J.C.는 저의 멘토였습니다. 절박하게 그에게 '대체 내가 무얼 잘못하고 있는 거죠?'라고 물었던, 실패한 고객이었습니다. 45년 전에 J.C. 잡스는 내 삶을 영원토록 바꾸었습니다."

그 노인은 쪽지에서 눈을 떼고 교회를 가득 메운 인파를 바라보았다. 그들은 모두 J.C.의 제자들 혹은 예전에 제자였던 사람들이었다.

"여기에 있는 사람들은 모두 제각각 이 훌륭한 사람에게 자신의 성공을 빚지고 있는 셈입니다."

이제 그는 쪽지를 보지 않고 말하고 있었다.

"여러분은 모두 제각기 인생에서 실패를 경험하고 있었습니다. 저축도, 퇴직 연금도, 대학을 위한 돈도, 자산도, 건강도, 행복도 없었고 삶의 운도 비참했죠. 당신의 경제적인 그리고 감정적인 상황은 당신의 목을 조르고 있었고, 당신과 당신 가족을 바닥으로 끌어

내리고 있었습니다. 이 훌륭한 사람과 그의 '부자가 되는 습관'을 소개받을 때까지 말입니다. 이제 여러분은 멋진 차를 몰고 아름다운 집과 별장을 갖고 있으며, 은퇴 후 삶을 위한 저축도 하고 있습니다. 평생 동안 쓰고도 남을 돈을 말이죠. 여러분은 건강하고 행복하며, 삶에 대해서도 적극적인 태도를 취하고 있습니다. 여러분 자녀는 물론이고, 그 후손의 미래는 안전합니다. 여러분의 자녀들은 바란다는 게 뭔지 모를 겁니다. 필요로 한다는 게 무엇인지도요. '대체 내가 무얼 잘못하고 있는 거죠?'라고 물을 필요도 없을 겁니다."

그 노인은 쪽지로 손을 내리고는 뒤집은 다음 성호를 긋고 연단에서 곧장 J.C. 잡스의 시신이 누워있는 관으로 향했다. 양 손을 관에 올리고는 살짝 몸을 굽혀 부드럽게 입술을 가져다 댔다. 사람들은 일제히 좌석에서 일어나 하나씩 J.C. 잡스의 관에 입 맞추기 위해 줄을 섰다.

감역자 글

역자는 2003년부터 현재까지 부유층 고객에게 자산 관리 컨설팅을 제공하면서, '부자는 태어나는 것인가, 아니면 만들어지는 것인가'에 대한 많은 궁금증을 가졌었다. 고객 한 분 한 분을 만나면서 그분들의 자산형성 과정과 생활방식에 대한 많은 연구를 했다. 이러한 오랜 시간동안의 경험과 연구를 통해, 상속을 받아 부자가 된 경우보다는 스스로의 노력으로 부를 형성한 고객이 훨씬 더 많다는 것을 알게 되었다. 감역자 또한 시골에서 태어나 부자라는 소리를 들어 본 적이 없는 평범한 서민이었다. 그런데 학업에서 배운 지식과 고객을 만나면서 얻은 간접 경험을 바탕으로, 부자라고는 할 수 없지만 같은 시기에 상경한 친구들 보다는 더 많은 부를 형성한 것은 분명한 현실이다.

직업이 자산관리 컨설팅 업무이다 보니, 자연스럽게 부유한 고객들과 만날 기회가 많았다. 그 분들에게 전문적인 컨설팅을 제공하기도 했지만, 오히려 그 분들에게서 많은 것을 배운 것 또한 숨길 수 없는 사실이다. 이 책의 저자인 토마스 콜리가 강조하고 있듯이, 부자들의 생각과 습관을 나의 습관으로 만들어야 부자가 된다는 것을 스스로 증명한 것인지도 모르겠다.

이런 이유때문인지 2015년 교보생명을 휴직하고 보스톤에 본사를 둔 Mass Mutual Financial Group에서 Financial Advisor로 근무하던 시절에 이 책을 접했고, 간접적으로나마 이 소중한 지식을 한국의 독자들에게도 전하고 싶은 생각을 버릴 수가 없었다. 그래서 2017년 다시 한국으로 돌아와 이 책을 감역하게 되었다.

이 책에서 토마스 콜리가 강조하는 부자가 되는 원칙은 세 가지다.

첫 번째, 버는 것보다 적게 써라.

두 번째, 더 많이 벌어라.

세 번째, 더 많이 벌고 더 적게 써라.

이 책에서 강조하듯이, 부자들의 대부분은 버는 돈보다 적게 쓴다. 이러한 사실은 이미 많은 사람들이 알고 있으며, 정말 기본 중의 기본이다. 역자 또한 이 간단명료한 원칙을 지켰던 것이, 지금 현재의 상황을 가져온 이유라고 믿는다.

많은 사람들은 부자가 되기를 원한다. 그런데 그 중에서 부자가 될 수 있는 행동을 실행에 옮기는 경우는 드물다. 역자가 몇년에 걸쳐 목돈을 모아 부동산 경매를 시작했던 시기가 2007년이었다. 좋은 물건을 고르기 위해 친구인 변호사와 함께 몇 달에 걸쳐 금요일 저녁 교통 혼잡이 끝나는 시간부터 새벽까지 밤을 새며 돌아다닌 적이 있었다. 지식으로만 알았던 내용들을 현장에서 직접 확인할 수 있었고, 친구 변호사 덕분에 알지 못했던 법적 지식도 많이 배우게 되었다. 그 후 더욱더 많은 것을 알아야 된다는 생각이 들었고, 그것이 박사학위를 어렵게나마 마치는 계기가 되었다. 그리고 학위 후 집필과 감역, 번역 등 자기 발전을 위해 많은 시간들을 보냈다.

인생에서 훌륭한 멘토를 두는 것은 값으로 따질 수 없을 만큼 큰 자산을 갖는 것이라고 이 책에서 강조하고 있다. 역자에게는 훌륭한 친구 변호사뿐만 아니라 고객님들이 멘토로서 많은 것을 가르쳐 주었다.

또한 이 책에서는 부자가 되는 많은 조건들 중에서도 '자기계발'에 많은 시간을 보내야 함을 강조한다. 그동안 만난 많은 부자들은 시간을 분단위로 쪼개어 쓰면서도 배움에 항상 목말라 있었다. 그러한 부자 고객들에게 유용한 정보를 제공해줘야 하는 역자로서는, 좋든 싫든 항상 공부를 할 수밖에 없었다. 그리고 그러한 생활 패턴을 익혀 가난에서 벗어날 수 있었다.

이 책에서 사람의 40%정도는 아무 생각을 하지 않고 뇌도 일을 하지 않는 상태에서 습관적으로 움직인다고 한다. 습관으로 움직이는 행동에 대해 저자는 '자동 항법 모드로 움직인다'는 표현을 쓰면서, 이러한 습관의 중요성을 강조하고 있다.

또한 저자는 지구에 사는 모든 인간들은 다행히도 천재성을 가지고 있기 때문에, 가난한 사람들의 습관을 버리고 부자들의 습관을 몸에 익히면 누구나 부자가 될 수 있다고 주장한다. 또한 수천 명의 부자들과 가난한 사람을 컨설팅하면서 부자들의 습관과 가난한 자들의 습관을 찾아서 정리했다. 그리하여 피해야 할 가난한 습관과 체득화해야 할 부자 습관을 친절하게 설명하고 있다.

최근 한국 사회에는 어디서 왔는지도 모르는 흙수저, 은수저, 금수저, 심지어 다이아몬드수저까지 등장했다. 현재 자신이 처해있는 상황을 모두 부모님 탓으로 돌리면서 현실을 비관하는 풍조가 자리 잡아가고 있는 것이다. 이러한 비관적인 생각으로는 자신의 미래를 한 치도 바꿀수 없다. 이 책에서도 부자들에게 가장 중요한 습관 중 하나가 긍정적인 사고이고, 인간은 누구나 천재성을 부여받았기 때문에 좋은 습관으로 나쁜 습관을 대처하기 시작하면 부자로 사는 것뿐만 아니라 행복하게 살 수 있다고 강조한다. 이 시대에 꼭 필요한 조언이 아닐까 싶다.

　감역자가 경험하고 느꼈듯이, 이 책을 통해서 간단하면서도 명확한 부자 습관들을 익히고 실천함으로써 많은 독자들이 부자가 되길 바란다. 그리하여 우리 모두가 천재성을 되찾아 행복한 삶을 살고, 다음 세대에도 전해줄 수 있기를 진심으로 기원한다.

인생을 바꾸는 **부자 습관**

초 판 1쇄·2017년 11월   8일
개정판 1쇄·2020년   8월 18일

지은이·토마스 콜리(Thomas C. Corley)
감   역·박인섭·이연학
기   획·(주)봄봄미디어
펴낸곳·봄봄스토리
등   록·2015년 9월 17일(No. 2015-000297호)
전   화·070-7740-2001
이메일·bombomstory@daum.net

ISBN 979-11-958053-8-9(03320)
값 12,800원